지식인 마을

새싹마을

촘스키가

아크로폴리스
아고라

아인슈타인가

입구

지식인마을24
헤겔 & 마르크스
역사를움직이는힘

지식인마을 24 역사를 움직이는 힘
헤겔 & 마르크스

저자_ 손철성

1판 1쇄 발행_ 2008. 6. 9.
1판 9쇄 발행_ 2021. 9. 10.

발행처_ 김영사
발행인_ 고세규

등록번호_ 제406-2003-036호
등록일자_ 1979. 5. 17.

경기도 파주시 문발로 197(문발동) 우편번호 10881
마케팅부 031)955-3100, 편집부 031)955-3200, 팩스 031)955-3111

저작권자 ⓒ 2008 손철성
이 책의 저작권은 저자에게 있습니다. 서면에 의한 저자와 출판사의
허락 없이 내용의 일부를 인용하거나 발췌하는 것을 금합니다.

COPYRIGHT ⓒ 2008 Son Cheol sung
All rights reserved including the rights of reproduction in whole
or in part in any form. Printed in KOREA.

값은 표지에 있습니다.
ISBN 978-89-349-2125-7 04160
      978-89-349-2136-3 (세트)

홈페이지_ www.gimmyoung.com   블로그_ blog.naver.com/gybook
인스타그램_ instagram.com/gimmyoung   이메일_ bestbook@gimmyoung.com

좋은 독자가 좋은 책을 만듭니다.
김영사는 독자 여러분의 의견에 항상 귀 기울이고 있습니다.

지식인마을24

헤겔&마르크스
Georg W. F. Hegel & Karl Marx
역사를 움직이는 힘

손철성 지음

김영사

Prologue1 이 책을 읽기 전에

〈지식인마을〉시리즈는…

　〈지식인마을〉은 인문·사회·과학 분야에서 뛰어난 업적을 남긴 동서양대표 지식인 100인의 사상을 독창적으로 엮은 통합적 지식교양서이다. 100명의 지식인이 한 마을에 살고 있다는 가정 하에 동서고금을 가로지르는 지식인들의 대립·계승·영향 관계를 일목요연하게 볼 수 있도록 구성했으며, 분야별·시대별로 4개의 거리(street)를 구성하여 해당 분야에 대한 지식의 지평을 넓히는 데 도움이 되도록 했다.

〈지식인마을〉의 거리

플라톤가　플라톤, 공자, 뒤르켐, 프로이트같이 모든 지식의 뿌리가 되는 대사상가들의 거리이다.

다윈가　고대 자연철학자들과 근대 생물학자들의 거리로, 모든 과학 사상이 시작된 곳이다.

촘스키가　촘스키, 베냐민, 하이데거, 푸코 등 현대사회를 살아가는 인간에 대한 새로운 시각을 제시한 지식인의 거리이다.

아인슈타인가　아인슈타인, 에디슨, 쿤, 포퍼 등 21세기를 과학의 세대로 만든 이들의 거리이다.

이 책의 구성은

　〈지식인마을〉 시리즈의 각권은 인류 지성사를 이끌었던 위대한 질문을 중심으로 서로 대립하거나 영향을 미친 두 명의 지식인이 주인

공으로 등장한다. 그리고 다음과 같은 구성 아래 그들의 치열한 논쟁을 폭넓고 깊이 있게 다룸으로써 더 많은 지식의 네트워크를 보여주고 있다.

초대 각 권마다 등장하는 두 명의 주인공이 보내는 초대장. 두 지식인의 사상적 배경과 책의 핵심 논제가 제시된다.

만남 독자들을 더욱 깊은 지식의 세계로 이끌고 갈 만남의 장. 두 주인공의 사상과 업적이 어떻게 이루어졌으며, 그들이 진정 하고 싶었던 말은 무엇이었는지 알아본다.

대화 시공을 초월한 지식인들의 가상대화. 사마천과 노자, 장자가 직접 인터뷰를 하고 부르디외와 함께 시위 현장에 나가기도 하면서, 치열한 고민의 과정을 직접 들어본다.

이슈 과거지식인의 문제의식은 곧 현재의 이슈. 과거의 지식이 현재의 문제를 해결하는 데 어떻게 적용될 수 있는지 살펴본다.

이 시리즈에서 저자들이 펼쳐놓은 지식의 지형도는 대략적일 뿐이다. 〈지식인마을〉에서 위대한 지식인들을 만나, 그들과 대화하고, 오늘의 이슈에 대해 토론하며 새로운 지식의 지형도를 그려나가기를 바란다.

지식인마을 책임기획 장대익
서울대학교 자유전공학부 교수

Prologue2 지식여행을 떠나며
역사에 대한 근본적 관심

역사란 무엇인가? 이런 질문을 받을 때 먼저 떠오르는 것은 널리 알려진 E. H. 카의 말이다. 카는 "역사란 현재와 과거의 끊임없는 대화"라고 말했다. 그렇다면 역사는 어떻게 발전하는가? 이 질문에는 아마 마르크스의 말이 먼저 떠오를 것이다. 마르크스는 인류의 역사가 원시 공동체 사회에서 출발하여 고대 노예제, 중세 봉건제, 근대 자본주의를 거쳐 사회주의 또는 공산주의 사회로 발전한다고 말했다.

마르크스의 이런 말을 믿는 사람들도 있지만 그렇지 않은 사람들도 있다. 마르크스의 주장에 의심을 품는 사람들은 다음과 같은 질문을 던진다. 인류의 모든 역사가 반드시 다섯 단계를 거쳐 발전하는가? 혹 이 다섯 단계는 서양사에만 존재하는 것은 아닌가? 과연 한국사에도 서양과 같은 봉건제 사회가 존재했다고 볼 수 있는가? 봉건제에서 곧바로 사회주의로 도약할 수는 없는가? 자본주의가 붕괴되어 반드시 사회주의로 나아간다는 확실한 근거가 있는가? 역사는 발전이 아니라 오히려 퇴보하는 것은 아닐까? 인류의 역사가 발전하는 원인은 무엇인가? 여러 학문 분야 중에서 이런 문제를 다루는 것이 역사철학이다. 역사철학은 역사와 관련된 근본 문제들에 대해 비판적·철학적 태도로 접근하여 이에 대한 답을 진지하게 탐구한다.

인간은 역사적 존재로서 근본적으로 역사에 관심을 가질 수밖에 없다. 우리는 시간과 역사 속에서 살아가는 존재다. 그래서 우리는 알고 싶어 한다. 우리는 누구이며, 어디서 와서, 어디로 가는가? 우리는 현재뿐만 아니라 과거와 미래에 대해서도 관심이 많다. 때문에 역

사를 연구하면서 역사의 법칙을 찾으려 한다. 우리가 이 책에서 중점적으로 다룰 헤겔과 마르크스도 역사에 대한 관심에서 출발하여 자신들의 역사 이론을 체계화했다.

 이 책에서는 헤겔과 마르크스의 사회 및 역사 이론을 중심으로 여러 철학적 문제를 다루려고 한다. 사회와 역사에는 필연적인 법칙이 존재하는가? 역사는 진보하는가, 퇴보하는가? 사회 발전의 원동력은 무엇인가? 사회와 역사 탐구의 기본단위는 무엇인가? 사회 속에서 개인이나 영웅의 역할은 무엇인가? 사회와 역사에 대한 객관적 인식은 가능한가? 역사 연구의 목적과 방법은 무엇인가? 이런 어려운 문제들에 대해 이 책이 명쾌한 답변을 하지는 못할 것이다. 그렇지만 독자들이 이런 문제들에 대해 한 번쯤 고민해보는 시간을 갖게 된다면 이 책의 임무는 충분히 수행되었다고 본다.

 원고를 핑계로 자주 놀아주지 못한 예쁜 딸 다민이와 아내에게 미안한 마음과 더불어 사랑의 마음을 전한다.

2008년 봄 큰 언덕 연구실에서
손철성

Contents 이 책의 내용

Prologue1 이 책을 읽기 전에 · 4
Prologue2 지식여행을 떠나며 · 6

 초대
역사철학에 관한 다섯 가지 질문 · 12

 만남

1. 칸트, 계몽주의적 역사관을 기획하다 · 26
   비코, 역사의 법칙을 찾아 나서다 | 칸트, 계몽주의적 역사관을 기획하다
   계몽이란 무엇인가?

   너 자신의 이성을 사용할 용기를 가져라 · 35
   사회와 역사에 대한 10가지 질문과 칸트의 답변

2. 변증법의 철학자, 헤겔 · 42
   변증법의 철학자, 헤겔 | 변증법의 기본 원리

3. 헤겔, 변증법을 체계화하다 · 57
   헤겔이 바라본 변증법 | 변증법의 기본 법칙 | 헤겔주의의 탄생

   역사는 절대정신의 자기전개 과정이다 · 75
   사회와 역사에 대한 10가지 질문과 헤겔의 답변

4. 자본주의의 비판자, 마르크스 · 89
   마르크스의 생애 | 20세기를 바꾼 마르크스의 저서들
   물질이 세상을 바꾼다 | 자본주의 경제에 대한 날카로운 분석

5. 마르크스, 세상의 변혁을 꿈꾸다 · 125
   만국의 프롤레타리아여, 단결하라! | 20세기를 뒤흔든 마르크스주의

   물질적 토대가 상부구조를 결정한다 · 151
   사회와 역사에 대한 10가지 질문과 마르크스의 답변

Chapter 3 대화

프랑스 혁명 220주년 기념 콜로키움 · 170

Chapter 4 이슈

- 닫힌 미래 vs. 열린 미래
  역사에 과연 필연적인 법칙이 존재하는가? · 192

- 실증주의 vs. 해석학
  역사 연구의 목적과 방법은 무엇인가? · 199

- 객관주의 vs. 주관주의
  사회와 역사에 대한 객관적 인식은 가능한가? · 205

- 모더니즘 vs. 포스트모더니즘
  거대 담론은 타당한가? · 211

- 국가 vs. 문명
  사회와 역사 탐구의 기본 단위는 무엇인가? · 215

Epilogue   **1** 지식인 지도 · 224   **2** 지식인 연보 · 226
         3 키워드 찾기 · 228   **4** 깊이 읽기 · 232
         5 찾아보기 · 237

Georg W. F. Hegel

Chapter 1

✉ 초대
INVITATION

Karl Marx

초대

역사철학에 관한 다섯 가지 질문

**자연의 법칙
그리고
역사의 법칙**

아주 오래전부터 사람들은 자연의 움직임을 관찰해왔다. 달의 변화, 조수의 움직임……. 그중에서도 물체의 낙하 속도는 많은 사람들의 관심을 끄는 문제였다. 고대 그리스 철학자 아리스토텔레스$^{Aristoteles,\ BC\ 384\sim322}$는 물체를 높은 곳에서 떨어뜨리면 무거운 물체가 가벼운 물체보다 더 빨리 떨어진다고 주장했다. 어떤 물체가 다른 물체보다 10배 무거우면 10배 빨리 떨어진다는 것이다. 15세기까지 대부분의 과학자들은 이런 주장을 아무런 의심 없이 받아들였다. 그러나 아리스토텔레스의 주장은 갈릴레이$^{Galileo\ Galilei,\ 1564\sim1642}$가 피사의 사탑에서 시도했다는 유명한 낙하 실험에 의해 거짓으로 밝혀졌다. 갈릴레이는 10킬로그램 무게의 쇠공과 1킬로그램 무게의 쇠공이 거의 동시에 땅에 떨어진다는 사실을 밝혀냈고, 경사면 공 굴리기 실험 등을 통해 낙하하는 물체의 속도는 무게가 아닌 시간에 비례하여 일정하게 증가한다는 점을 증명했다. 갈릴레이의 실험은 이후 뉴턴$^{Isaac\ Newton,\ 1642~1727}$에 의해 공기의 저항이 없는 진공 상태에서 중력의 작용으로 자유낙하하는 물체는 매초 9.8m/s씩 속도가 증가한다는 법칙으로 공식화된다. 이 법칙은 자유낙하를 하는 모든 물체에 적용된다.

갈릴레이는 "자연은 수학적 언어로 쓰여 있다"고 말했다. 자연 속에는 불변의 법칙이 있는데, 이것은 수학적 형태로 표현할 수 있다는 것이다. 이러한 갈릴레이의 생각은 역학을 비롯한 근대 과학의 토대가 되었으며, 뉴턴이 역학 이론을 체계화하는 데 결정적인 영향을 주었다. 뉴턴은 물체의 운동과 관련하여 세 가지 법칙을 정식화했다. 널리 알려진 '관성의 법칙', '가속도의 법칙', '작용과 반작용의 법칙'이 바로 그것이다.

이렇게 물체의 낙하 운동에 대한 아리스토텔레스의 학설은 갈릴레이와 뉴턴의 근대 역학 이론에 의해 부정되었다. 하지만 이들은 물체의 낙하 운동 법칙을 비롯하여 자연 속에는 일정한 운동 법칙이 있다고 보았다. 자연은 겉모습만 보면 불규칙적인 운동을 하는 것처럼 보이지만, 그 배후에는 일정한 법칙이 있어 규칙적인 운동을 한다는 것이다. 이처럼 자연의 운동 법칙이나 규칙성은 고대부터 아주 중요한 학문적 관심사였다. 특히 근대에는 자연과학의 발전과 더불어 이에 대한 관심이 더욱 심화되어 뉴턴의 역학 이론과 같은 훌륭한 과학적 결실을 낳기도 했다.

이제 우리의 관심을 자연에서 사회와 역사로 돌려보자. 그리고 다음과 같은 질문을 던져보자. 사회와 역사는 운동이나 변화를 하는가? 만약 그렇다면 여기에는 일정한 법칙이나 규칙성이 존재하는가? 자연 현상에 운동 법칙이 존재하듯이 역사에도 운동 법칙이 존재하는가? 이에 대해 선뜻 대답하기는 쉽지 않을 것이다. 우리가 자연에 운동 법칙이 있다는 것을 인정하듯이 역사에도 운동 법칙이 있다는 것을 인정하기는 쉽지 않다. 학문의 역사를 돌이켜보면 역사의 운동 법칙에 대한 탐구는 자연의 운동 법칙에 대한 탐구에 비해 훨씬 늦게 시작되었다. 앞에서 보았듯이 자연의 운동 법칙은 고대부터 많은 철학자나 과학자들의 탐구 대상이었지만, 역사의 운동 법칙은 근대에 이르러서야 본격적인 학문적 탐구 대상이 되었다.

사회와 역사의 운동 법칙에 대한 탐구가 뒤늦게 이루어진 이유는 무엇일까? 자연의 운동 현상은 주변에서 쉽게 관찰할 수 있다. 사과나 돌멩이 같은 물체를 공중으로 던지면 그 물체는 얼마 후에 땅으로 떨어진다. 물은 높은 곳에서 낮은 곳으로 흐른다. 태양은 아침에 동쪽에서 떴다가 저녁에 서쪽으로 진다. 달은 대략 한 달을 주기로 초승달, 반달, 보름달, 그믐달의 형태로 바뀌면서 운동한다. 우리는 이같이 자연 속에 있는 다양한 물체들의 운동을 주변에서 쉽게 볼 수 있다. 따라서 그런 물체들이 어떻게 운동하는지, 그 배후에는 어떤 법칙이 작용하는지에 대해 자연스럽게 관심을 갖는다.

인간의 이성은 다양성 속에서 통일성이나 규칙성을 찾으려고 한다. 즉, 잡다하고 혼란스럽게 보이는 현상들 속에서 어떤 규칙이나 법칙을 찾아 그 현상들을 통일적으로 이해하려고 한다. 그렇기 때문에 앞에서 살펴보았듯이 아리스토텔레스, 갈릴레이, 뉴턴 등은 다양한 물체들의 낙하 운동을 관찰하면서 거기에서 어떤 공통의 법칙을 찾으려고 했던 것이다. 그런데 역사의 운동은 자연의 운동과는 다르게 주변에서 쉽게 관찰할 수 없다. 사과나 돌멩이 같은 물체의 운동은 짧은 시간 동안에 관찰할 수 있지만, 역사는 장기간에 걸쳐서 조금씩 운동하기 때문에 그 변화를 알기 위해서는 긴 시간이 요구된다. 역사 속에서 어떤 사회 형태가 다른 사회 형태로 바뀌는 데는 수백 년이 걸리기도 하고, 수천 년이 걸리기도 한다.

인류가 사용한 도구를 중심으로 역사의 변화를 관찰해보면 뗀석기를 사용하는 '구석기 시대'에서 간석기를 사용하는 '신석기 시대'로 바뀌는 데는 수십만 년이 걸렸으며, '신석기 시대'에서 '청동기 시대'로 바뀌는 데도 수천 년이 걸렸고, '청동기 시대'에서 '철기 시대'로 바뀌는 데도 수백 년이 걸렸다. 앨빈 토플러 Alvin Toffler, 1928~ 는 사회적 부의 원천이 무엇인지를 중심으로 인류의 역사를 구분하면서 인류는 크게 세 번의 혁명 과정을 거친다고 말한다. 제1의 물결인 '농업혁명'은 기원전 7000년경에 발생했으며, 제2의 물결인 '산업혁명'은 18세기 후반에 발생했고, 제3의 물

■■ 앨빈 토플러

미국의 미래학자. 대표작 《제3의 물결 The Third Wave》에서 미래 사회의 변화 방향을 날카롭게 분석하고 프로슈머의 탄생을 예고하였다. 저서로는 《권력 이동 Power Shift》, 《미래의 충격 Future Shock》, 《부의 미래 Revolutionary Wealth》 등이 있다.

결인 '정보화혁명'은 20세기 후반에 발생했다. 이처럼 인류 역사에 새로운 물결이 형성되는 데는 오랜 시간이 걸린다.

따라서 역사의 변화를 인식하기 위해서는 짧게는 수백 년에서 길게는 수십만 년의 관찰 기간이 필요하다. 그러므로 한 개인이 일생 동안 역사의 변화를 직접적으로 관찰하는 데는 많은 한계가 따른다. 물론 사회가 급격하게 변화하는 혁명기에는 비교적 짧은 기간에 역사의 변화를 관찰할 수 있지만, 그런 경우는 상당히 드물다. 대체로 역사의 변화는 장기간에 걸쳐서 일어나는데, 개인의 생애는 짧기 때문에 변화를 감지하기는 상당히 어렵다. 장기간에 걸쳐 일어나는 역사의 변화 과정을 파악하기 위해서는 과거의 유물이나 기록에 의존해야 한다. 따라서 과거의 유물이나 기록에 대해 관심을 기울이지 않는다면 특정한 시대 속에 살고 있는 한 개인이 역사의 변화를 인식한다는 것은 매우 어렵다. 이처럼 거시적인 차원에서 역사의 운동과 변화를 인식하고 거기에 존재하는 운동 법칙이나 변화의 규칙성에 관심을 기울이는 것은 쉬운 일이 아니다.

이런 이유 때문에 역사의 법칙에 대한 탐구는 자연의 법칙에 대한 탐구에 비해 늦게 시작되었다. 근대에 접어들어 이탈리아 사상가 비코[Giambattista Vico, 1668~1744] 역사의 법칙을 본격적으로 연구한 이래 칸트[Immanuel Kant, 1724~1804], 헤겔[Georg Hegel, 1770~1831], 마르크스[Karl Marx, 1818~1883], 콩트[Auguste Comte, 1798~1857], 슈펭글러[Oswald Spengler, 1880~1936], 토인비[Arnold Toynbee, 1889~1975] 등이 역사의 운동과 변화 법칙을 체계적으로 연구하기 시작했다.

**역사의 법칙에
관심을
갖는 이유**

우리는 누구이며, 어디서 와서 어디로 가는가? 이것은 인간이 자신의 존재에 던지는 근본적인 물음이다. 우리는 단지 현재의 삶에만 관심을 갖고 있는 것은 아니다. 현재뿐만 아니라 과거와 미래에 대해서도 관심이 있다. 우리 자신이 과거에 어떻게 살았으며 미래에는 어떻게 살지를 중요하게 생각한다. '출생의 비밀'이 텔레비전 드라마의 단골 소재가 되는 것도 바로 그런 이유 때문이다. 보통 드라마에서는 극의 전개 과정에서 과거 출생의 비밀이 밝혀지고, 커다란 파장이 일면서 등장인물 사이에 갈등이 고조된다. 만약 우리가 현재에만 관심을 갖는 존재라면 과거에 발생했던 '출생의 비밀'을 다루는 드라마가 인기를 끌기는 어려울 것이다.

우리는 개인뿐만 아니라 사회의 과거와 미래에도 관심을 갖는다. 과거에 인간은 어떻게 살았으며, 미래에는 어떻게 살 것인가? 우리가 어디서 와서, 어디로 가는지를 알려면 인류의 역사에 관심을 갖지 않을 수 없다. 인간이 과거의 역사나 미래 사회의 전망에 대해 관심을 기울이는 것은 인간 본래의 특성이다. 인간에게는 시간성 또는 역사성에 대한 의식이 있다. 인간은 현재만을 알려는 존재가 아니라 과거와 미래에도 관심을 갖는 존재다. 또한 수많은 역사적 사건이나 현상 속에서 일정한 법칙을 찾음으로써 역사를 통일적으로 이해하려고 한다. 역사 속에서 규칙성이나 법칙을 찾을 수 있다면 우리는 과거뿐만 아니라 현재를 좀 더 명료하게 이해할 수 있으며, 이를 바탕으로 미래를 예측할 수 있다. 즉, 역사의 운동 방향을 인식할 수 있는 것이다. 때문에 우리는 역사의 운동 법칙을 발견하기 위해 많은 관심을 기울인다. 이러한 관심은 자연의 운동 법칙에 대한 관심처럼 근원적인 것이다. 역사의 법칙에 대한 관심은 과거의 사건에 대한 단순한 호기심 때문일 수도 있고, 현재를 제대로 알기 위한 것일 수도 있다. 아니면 미래를 전망하기 위한 것일 수도 있다.

**역사,
철학적으로
바라보기**
역사철학이란 무엇인가?

역사철학은 역사에 대한 철학적 탐구라고 할 수 있다. 즉, 과거에 일어난 역사적 사건을 단지 기록하는 데 그치지 않고 그것의 근본 원리나 이유에 대해 반성적으로 성찰해보는 것이다. 역사철학에서 주요 쟁점이 되는 문제를 살펴보면 다음과 같다.

역사는 어떤 방향으로 변화하는가?

역사가 운동과 변화를 한다는 사실을 인식했고 역사의 운동과 변화에는 일정한 법칙이 있다는 것을 파악했다면 우리는 여기서 다음과 같은 질문을 던질 수 있다. 인류의 역사는 어떤 방향으로 운동하는가? 인류의 역사는 진보하는가, 아니면 퇴보하는가? 이에 대해 어떤 사람은 인류의 역사가 더 좋은 방향으로 나아간다고 말한다. 과거에 비해 현재가 좀 더 발전했으며, 현재에 비해 미래는 더욱 발전할 것으로 본다. 인류의 역사가 미개 사회에서 문명사회로 발전한다거나, 비이성적 사회에서 이성적 사회로 발전한다거나, 생산성이 낮은 단계에서 높은 단계로 발전하여 더 많은 물질적 풍요를 누린다거나, 억압적인 사회로부터 해방된 사회로 나아간다는 것이다. 이런 관점을 흔히 '진보사관'이라고 부른다.

반면에 어떤 사람은 인류의 역사가 퇴보한다고 말한다. 인간의 이기심이 더욱 강화되면서 대립과 갈등이 심화되고 있으며, 물질적 탐욕이나 인구 증가 때문에 자원 고갈과 환경 파괴가 가속화되고, 과학 기술의 발달로 인해 핵무기와 같은 대량 살상용 무기가 인류를 종말로 몰고 간다는 것이다. 이런 관점을 흔히 '퇴보사관' 또는 '종말론'이라고 부른다.

이러한 물음에 대해 진보와 퇴보라는 두 가지 대답만 가능한가? 그렇지 않다. 제3의 대답도 가능하다. 역사는 일정한 운동 법칙에 따라 변화하지만 그것이 진보도 아니고 퇴보도 아닐 수 있다. 예를 들면 좋은 측면과 나쁜 측면이 공존할 수도 있고, 아니면 그러한 가치 평가가 곤란할 수도 있다. 또는 역사가 진보와

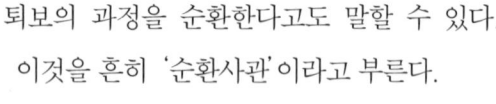

　　　　　　　　　　퇴보의 과정을 순환한다고도 말할 수 있다.
　　　　　　　　　이것을 흔히 '순환사관'이라고 부른다.

　　　　　　　　　　역사를 움직이는 힘은 무엇인가?
　　　　　　　　　　역사에 운동 법칙이 존재한다면 그
　　　　　　　　　원동력은 무엇인가? 역사가 일정한 상
　　　　　　　　　태로 머물러 있지 않고 운동과 변화를
　　　　　　　　　한다면 그 원인은 무엇일까? 특히, 역사
　　　　　　　　　가 진보한다면 그것을 가능하게 하는 힘은
　　　　　　　　　무엇일까?
　　　　　　　　　　자연의 운동을 관찰할 때 우리는 그
　　　　　　　　　원인에 대해 궁금해한다. 돌이나 쇠공 같은 물체
를 공중에서 놓으면 땅으로 떨어진다. 그것도 9.8m/s²이라는 가
속도로 거의 동시에 떨어진다. 그렇다면 그 원인은 무엇일까?
앞에서 보았듯이 뉴턴은 그 원인을 '중력'에서 찾았다. 지구를
포함하여 질량을 지닌 모든 물체는 다른 물체를 끄는 힘을 갖고
있다. 따라서 거대한 질량을 지닌 지구는 그 끄는 힘도 매우 커
서 상대적으로 가벼운 돌이나 쇠공 같은 물체를 강하게 끌어당
긴다. 이로 인해 공중에 떠 있는 물체는 땅으로 떨어진다.
　이와 마찬가지로 우리는 역사의 운동을 관찰할 때도 그 운동의
원인에 대해 궁금해한다. 어떤 사람은 역사의 운동 원인을 '신神'
에게서 찾는다. 인류의 역사가 일정한 방향으로 움직이는 것은
신의 뜻에 따른 결과라는 것이다. 세계를 창조한 신이 자신의 의

지에 따라 피조물인 인간과 사회를 움직인다는 것이다. 또 어떤 사람들은 역사의 원동력을 인간의 '이성'에서 찾는다. 인간이 이성의 힘을 발휘하여 역사를 이성적인 방향으로 나아가도록 한다는 것이다. 반면에 역사의 원동력을 이성과 같은 정신적 활동이 아닌 '물질적 활동'에서 찾는 사람들도 있다. 물질적인 생산 활동이 역사를 일정한 방향으로 나아가도록 한다는 것이다.

역사 속에서 개인이나 영웅의 역할은 무엇인가?

어떤 사람은 역사는 개인, 특히 영웅의 활동에 의해 창조된다고 하면서 역사의 전개 과정에서 개인의 역할이 매우 크다는 점을 강조한다. 역사의 법칙이 개인을 지배하는 것이 아니라 개인, 특히 영웅이 역사를 자신이 원하는 방향으로 이끈다는 것이다. 이런 관점을 '영웅사관'이라고 부른다. 반면에 어떤 사람은 영웅과 같은 한 개인이 아니라 다수의 민중에 의해 역사가 창조된다고 본다. 역사는 민중의 힘에 의해 움직인다는 것이다. 이런 관점을 '민중사관'이라고 부른다.

그렇다면 역사 속에서 영웅이나 민중의 의식적·적극적 활동을 강조하는 관점은 역사의 법칙을 강조하는 관점과 양립할 수 있을까? 역사의 전개 과정에서 역사의 법칙과 인간의 의지는 서로 어떤 관계에 있을까? 자연과는 다르게 사회는 의지를 지닌 인간으로 구성되어 있다. 그렇기 때문에 자연에서는 자연물의 의식적 활동이 문제가 되지 않지만, 사회에서는 인간의 의식적 활동이 문제가 된다. 따라서 역사의 운동 법칙을 인정할 경우에 거기서 인간의 의식적 활동이 어떤 역할을 하는지를 밝혀주어야 한다. 만약 역사가 필연적인 법칙에 따라 움직인다면 역사 속에서 개인의 적극적인 활동은 의미가 없을 수도 있기 때문이다.

어떤 사람은 역사의 운동 법칙, 특히 그것의 필연성을 강조하면서 역사의 전개 과정에서 인간의 의식적 활동이 크게 영향을 주지 않는다고 본다. 역사의 운동 방향은 인간의 의식적 활동이 아니라 역사의 법칙이 규정한다는 것이다. 영웅이 역사를 창조하는 것이 아니라 역사의 흐름이 영웅을 낳는다고 말한다. 영웅도 역사의 거대한 흐름, 즉 역사의 법칙을 거스를 수 없기에 그것에 따라 행동한다는 것이다.

이에 비해 역사의 운동 법칙을 인정하면서도 동시에 인간의 의식적 활동을 중시하는 입장도 있다. 인간이 역사의 거대한 흐름을 거스를 수는 없지만, 역사의 법칙이나 흐름을 인식하고 이에 따라 적극적으로 행동한다면 역사의 흐름을 빠르게 할 수 있다는 것이다. 즉, 개인이나 민중들의 의식적인 활동을 통해 새로운 사회로의 변화를 촉진할 수 있다는 것이다. 여기서는 인간의 의식적인 활동이 역사의 전개 과정에서 촉매제 역할을 담당한다고 본다.

역사를 객관적으로 인식할 수 있는가?

자연에 대한 객관적 인식이 가능하듯이 역사에 대한 객관적 인식도 가능하다고 말하는 사람들이 있다. 역사가는 사건을 있는 그대로 기록할 수 있으며, 우리는 이것에 근거하여 역사를 객관적으로 인식할 수 있다는 것이다. 따라서 역사가의 임무는 역사적 사실을 하나씩 모아서 이것을 있는 그대로 기술하는 것이다. 이런 관점을 '실증주의 역사관'이라고 부른다.

반면에 역사에 대한 객관적 인식이 어렵다고 보는 입장도 있다. 이런 입장을 옹호하는 사람들 중에는 자연에 대한 객관적 인식은 가능하지만 역사에 대한 객관적 인식은 어렵다고 보는 경우도 있고, 역사뿐만 아니라 자연에 대한 객관적 인식도 어렵다고 보는 경우도 있다.

우리는 과거의 역사를 이해하기 위해 과거의 유물이나 기록에 의존한다. 그런데 과거의 유물들 중에는 사라진 것도 많기 때문에 그 당시의 사회 모습을 정확하게 알기 어렵다. 또한 과거의 기록자는 모든 사건 중에서 자신이 중요하게 여기는 것만을 기록하기 때문에 기록자의 주관이 개입된다. 따라서 기록자의 주관이 개입된 과거의 자료에만 의존해서는 당시의 역사를 객관적으로 알기는 어렵다. 또한 자연의 관찰 대상에는 인간이 포함되어 있지 않지만, 역사의 관찰 대상에는 관찰자 자신을 비롯한 인간이 포함되어 있다. 따라서 자신까지 포함된 거대한 행렬을 거시적 관점에서 객관적으로 본다는 것은 매우 어려운 일이다.

역사 연구의 목적과 방법은 무엇인가?

우리가 자연을 탐구하는 목적은 자연 현상 속에 들어 있는 보편적 법칙을 발견하고, 나아가 이를 바탕으로 미래를 예측하기 위한 것이다. 그래서 자연의 법칙을 발견하기 위해 관찰과 실험의 방법을 동원한다. 그렇다면 역사 연구의 목적과 방법도 이와 같을까? 어떤 사람은 역사 연구가 하나의 학문이 되려면 자연과학과 같은 관점을 가져야 한다고 주장한다. 즉, 역사 연구도 관찰과 실험을 통해 보편적 운동 법칙을 발견해야 한다는 것이다.

반면에 역사학은 자연과학과는 다른 목적과 방법을 추구한다는 입장도 있다. 이 입장에 따르면 역사학은 역사의 보편적 운동 법칙이 아니라 개별적인 사건을 규명하는 것이다. 즉, 모든 역사적 사건들을 관찰하는 것이 아니라 개별적인 사건에 관심을 갖는 것이다. 개별적인 사건이 발생한 동기가 무엇이고 그것이 어떻게 전개되었으며, 어떤 결과를 낳는지에 주목한다. 또한 미래에 발생할 사건을 예측하는 것이 아니라 과거에 발생한 사건을 이해하려고 한다. 따라서 사건의 동기를 이해하기 위해 관찰과 실험의 방법보다는 감정 이입이나 추체험의 방법을 사용하여 그 사람의 내면세계를 파악하려고 한다. 흔히 이것을 '해석학적 입장'이라고 부른다.

지금까지 살펴본 이런 문제들이 역사철학의 중요한 주제들이다. 제2장 '만남'에서는 헤겔과 마르크스의 사회 및 역사철학을 중심으로 첫째와 둘째, 셋째 문제를 중점적으로 다루며, 제4장 '이슈'에서는 넷째와 다섯째 문제를 다루도록 하겠다.

Georg W. F. Hegel Chapter 2

👥 만남
MEETING

Karl Marx

만남1

칸트, 계몽주의적 역사관을 기획하다

헤겔과 마르크스를 만나기 전에 먼저 만나야 할 사람이 있다. 바로 비코와 칸트다. 위대한 사상은 한 사람의 힘만으로 탄생하지 않으며 그에 선행하는 사상이 있었기 때문에 가능하다. 아무리 위대한 사상가라고 할지라도 아무것도 없는 상태에서 자신의 사상을 만들어낼 수는 없다. 위대한 사상가도 다른 사상가들이 앞서 만들어놓은 이론적 성과물을 바탕으로 그것을 수용하거나 비판하면서 자신의 사상을 확립해간다. 비코, 칸트, 헤겔, 마르크스의 사상은 서로 관련되어 있다. 이들은 18~19세기 근대 유럽을 배경으로 학문적 연구 활동을 하면서 서로에게 많은 영향을 주었다. 특히 칸트와 헤겔, 마르크스는 독일 출신의 사상가로서 근대 독일 철학을 대표하는 인물들이다. 따라서 이들의 사상이나 철학은 서로 긴밀하게 연관될 수밖에 없다.

비코, 역사의 법칙을 찾아 나서다

이탈리아 역사철학자 비코는 '자연 세계'와 '역사 세계'를 구분한다. 비코에 따르면 '자연 세계'는 신에 의해 창조된 것이며, '역사 세계'는 인간에 의해 창조된 것이다. 따라서 신에 의해 창조된 자연 세계 속에서는 인간의 정신을 파악할 수 없지만, 인간의 활동을 통해 만들어진 역사 세계 속에서는 인간의 정신을 파악할 수 있다. 다시 말해 언어, 법률, 관습, 도덕, 예술, 종교 같은 문명은 인간의 의지와 활동에 의해 만들어진 것이기 때문에 우리는 이 같은 문명 속에서 인간의 정신과 의지를 찾아낼 수 있다. 따라서 문화나 사회 제도에 대한 탐구를 통해 인간의 정신이 어떻게 변화하는지를 알 수 있다. 비코는 이러한 철학적 관점을 바탕으로 인류의 역사가 어떻게 운동하고 변화하는지를 탐구했다.

비코는 인류의 역사에는 세 시대가 있으며, 이것들은 순환을 한다고 보았다. 첫 번째, '신의 시대'는 인류가 초자연적인 힘에 대한 공포 때문에 신에 의존하던 시대다. 두 번째, '영웅의 시대'는 귀족과 같은 영웅들이 민중에게 위세를 부리던 시대다. 세 번째, '인간의 시대'는 인간의 이성이

■■ 비코

이탈리아의 인문주의자이자 역사가, 철학자. 그는 자신의 고향인 나폴리에서 발생한 르네상스로부터 많은 영향을 받았으며, 역사철학에 대한 깊이 있는 책을 저술하여 근대의 역사철학 이론을 확립하는 데 밑거름이 되었다. 주요 저서로는 《여러 민족의 공통적 본성에 관한 새로운 과학 원리》(1725), 《새로운 과학》(1744) 등이 있다.

충분히 발휘되어 시민의 세계, 즉 진정한 인간적인 세계가 형성된 시대다. 이러한 세 시대는 역사 속에서 순환을 반복한다. 감성이 지배하던 시대는 계산적인 이성의 힘에 의해 대체되지만, 이성이 지배하는 시대는 다시 원시적인 감성의 힘에 의해 대체된다. 따라서 각각의 시대는 역사 속에서 번갈아 등장한다. 역사의 변화와 순환 과정은 필연적이다. 우리가 순환 과정을 통찰하든 그렇지 못하든 간에 인간은 순환이라는 목적을 달성하기 위해 행동하며, 역사는 필연적으로 순환 과정을 거친다.

이처럼 비코는 우리가 역사의 변화를 인식할 수 있으며, 그런 변화에는 일정한 운동 법칙이 존재한다고 보았다. 그는 인류의 역사가 일정한 순환 운동을 하며, 그 원동력은 인류의 정신이라고 강조했다. 이런 주장으로 말미암아 비코는 역사의 운동이나 발전 법칙을 탐구하는 근대 역사철학의 선구자로 불리게 되었다.

이제 독일로 건너가 칸트를 만나게 될 것이다. 그 전에 아래의 문제를 풀어보자. 칸트 철학에 관심이 많은 사람에게는 쉽지만, 그렇지 않은 사람에게는 좀 어려운 문제일지도 모른다.

다음 중 칸트가 관심을 갖고 연구한 학문 분야가 아닌 것은?
① 인식론 ② 윤리학 ③ 미학 ④ 역사철학

칸트, 계몽주의적 역사관을 기획하다

'칸트'라는 이름을 들으면 아마 꼼꼼하고 엄격하며 규칙적인 생활을 했다는 그의 일화가 가장 먼저 떠오를 것이다. 그의 하루 일과는 시간표에 따라 꼼꼼하게 짜여 있었다. 언제나 오후 7시 정각에 길거리를 지나가는 그의 모습을 보고 마을 사람들은 몇 시인지를 알 수 있었다고 한다. 또한 그는 자신이 태어난 독일의 작은 도시 쾨니히스베르크Königsberg를 거의 벗어난 적이 없으며, 평생 결혼도 하지 않았다.

고등학교 교과서에서 배웠듯, 칸트는 영국의 경험론과 대륙의 합리론을 종합한 철학자로서 독일의 관념론 철학을 체계화했다. 하지만 그가 주로 어떤 분야의 철학이나 학문에 관심을 갖고 있었는지 좀 더 깊이 알아보기 위해 그의 저서를 살펴보자.

칸트는 《순수이성비판Kritik der reinen Vernunft》(1781), 《실천이성비판Kritik der praktischen Vernunft》(1788), 《판단력비판Kritik der Urteilskraft》(1790) 등 '비판'이라는 말이 들어간 세 권의 책을 저술했는데, 이것이 바로 칸트의 3대 비판서이다. 이는 칸트와 관련하여 퀴즈 프로그램에 자주 출제되는 문제들 중의 하나이기도 하다. 그렇다면 이 세 권의 책에는 어떤 내용이 담겨 있을까?

《순수이성비판》은 인식의 과정,

영국의 경험론과 대륙의 합리론을 종합하여 유럽 근세철학을 집대성한 칸트

범위, 한계 등과 관련된 인식론의 문제를 다룬다. 인간의 인식(지식)이 어떤 과정을 통해 이루어지며 인간이 인식할 수 있는 것과 없는 것이 무엇인지를 규명한다. 칸트는 감각을 통해 획득한 경험적 요소와 이성이 원래부터 갖고 있던 선천적 요소를 종합함으로써 인간의 인식이 가능하다고 보았다. 인간의 인식은 경험적 요소나 선천적 요소 중 어느 하나에 의존하는 것이 아니라, 이 두 요소가 종합되어 성립한다는 것이다. 그렇기 때문에 칸트를 경험론과 합리론의 전통을 종합한 철학자라고 말하는 것이다. 두 번째 비판서인 《실천이성비판》은 도덕적 가치판단과 관련된 윤리학의 문제를 다루고 있다. 즉, 인간이 마땅히 따라야 할 보편적 도덕 법칙이 존재하는지, 만약 존재한다면 그것은 어떤 조건을 갖추어야 하는지를 밝히고 있다. 마지막으로《판단력비판》은 주로 아름다움과 관련된 미학적 판단의 문제를 다룬다. 아름다움에 대한 이성적 판단이 존재하는지, 만약 존재한다면 그것이 어떻게 가능한지를 규명한다.

이제 앞서 풀었던 칸트에 대한 문제의 답을 찾아 보자. 칸트의 3대 비판서의 내용에 따르면 칸트가 인식론, 윤리학, 미학에 대해 많은 연구를 했다는 사실을 알 수 있다. 따라서 ①, ②, ③은 정답이 아니다. 그렇다면 ④번이 정답일까? 그렇지 않다. 칸트는 역사철학에도 관심이 많았으며, 이와 관련된 여러 편의 논문을 저술했다. 따라서 이 문제에는 답이 없다.

칸트는 역사철학에 대한 독립된 저서를 출판하지는 않았지만 〈세계시민적 관점에서 본 보편사의 이념 Idee zu einer allgemeinen Geschichte in weltbürgerlicher Absicht〉(1784), 〈영원한 평화를 위하여 Zum ewigen Frieden〉

(1795) 등 여러 편의 논문에서 역사철학에 대한 자신의 견해를 밝혔다. 18~19세기 유럽 사회에는 계몽주의 사상이 널리 퍼져 있었는데, 칸트도 이런 시대적 흐름과 함께 하면서 계몽주의 사상을 발전시키는 데 크게 기여했다.

칸트는 자신이 살았던 18세기 말 독일의 상황 역시 계몽이 진행되고 있다고 보았다. 사람들이 아직 종교 문제에서 자신의 이성을 자유롭게 사용하고 있지 못하지만 그런 문제를 자유롭게 판단할 수 있는 조건이 갖추어져 있다고 생각했으며, 점차 이성이 미숙한 상태에서 벗어나고 있다고 판단했다.

계몽주의는 인간의 이성에 대한 신뢰를 바탕으로 인류의 역사가 이성적인 방향으로 진보한다는 낙관론적 견해를 갖고 있다. 칸트의 역사철학도 기본적으로 이러한 계몽주의적 역사관을 바탕으로 한다.

계몽이란 무엇인가?

칸트에 따르면 '계몽'이란 미숙하고 어리석은 상태에서 벗어나 자신의 이성을 자율적으로 사용하는 상태를 가리킨다. 계몽은 비합리적으로 사고하는 것이 아니라 자신의 이성을 사용하여 합리적으로 사고하고 행동하는 태도다. 따라서 계몽된 사람이란 이성의 능력을 발휘하여 합리적·자율적으로 판단하고 행동하는 사람이라고 할 수 있다.

칸트는 이성이 인간에게 본래부터 주어져 있다고 생각했다.

그런데 어떤 사람들은 이성을 스스로 사용하려는 결단과 용기가 부족하기 때문에 미숙한 상태에 빠진다. 때문에 칸트는 "너 자신의 이성을 사용할 용기를 가져라!"라고 외치면서 그것을 계몽운동의 구호로 삼았다. 우리가 용기를 갖고 스스로 노력한다면 미숙한 상태에서 벗어나서 이성적인 상태로 나아갈 수 있다는 것이 그의 생각이었다.

계몽을 위해서 가장 필요한 것은 '자유'다. 우리는 모든 것에 대해 자유롭게 비판하고 따져보는 태도를 지녀야 한다. 기존의 낡은 권위나 관습에 얽매이지 말고 자율적이면서도 합리적으로 사고해야 한다. 칸트는 이것을 이성의 '공적 사용'이라고 불렀다. 이것은 어떤 사람이 비판적이고 자유로운 학자로서 자신의 이성을 사용하는 것을 말한다. 반면에 이성의 '사적 사용'도 있다. 이것은 자신에게 주어진 직분에 따라 이성을 사용하는 것, 즉 일정한 규칙이나 명령에 따라 수동적으로 사고하는 것이다. 칸트는 이 중에서도 이성의 공적 사용이야말로 인류를 계몽으로 이끄는 힘이라고 보았다.

그렇다면 이성의 공적 사용이 무엇인지 구체적으로 살펴보자. 예를 들어 어떤 사람이 군대에서 장교로 근무하면서 상관으로부터 명령을 받고 그에 따라 행동한다면 그것은 이성의 사적 사용이다. 그 사람이 장교로서 자신이 받은 명령이 적절한지를 따진다면 그것은 쓸데없는 일이다. 반면에 그가 한 명의 학자로서 병역 의무의 문제점을 비판한다면 그것은 이성의 공적 사용이다. 이것은 정당한 행위로서 자유롭게 허용해야 한다. 성직자의 경우도 마찬가지다. 어떤 사람이 성직자로서 교회에 봉직할 때는 성실하게 설교를 할 의무가 있는데, 이것은 이성을 사적으로 사용하는 것이다. 반면에 학자로서 교리나 교회의 문제점을 자유롭게 비판할 경우 이것은 이성을 공적으로 사용하는 것이다. 따라서 계몽을 위해서는 이성의 공적 사용을 무제한으로 허용할 필요가 있다.

여기서 볼 수 있듯이 우리에게 계몽을 가져다주는 것은 이성의 공적 사용이다. 모든 문제에 대해 자유롭게 비판적인 태도를 취할 수 있을 때 계몽의 시대로 나아간다. 타인의 간섭이나 명령을 받지 않고 자신의 이성을 자율적으로 사용할 수 있을 때 인류는 계몽의 단계로 진보한다. 이처럼 칸트는 이성에 대한 신뢰를 바탕으로 우리가 자신의 이성을 자율적으로 사용한다면 인류는 미숙한 상태에서 벗어나 성숙한 상태로 진보한다고 보았다. 이러한 계몽주의 관점은 그의 역사철학에도 그대로 반영되었다.

칸트에 따르면 역사에는 일정한 발전 법칙이 있다(법칙주의). 비록 역사의 전개 과정이 혼란스럽게 보일 수 있지만 그 배후에는 자연의 숨은 계획이 있어 일정한 규칙에 따라 운동한다. 역사는 이성의 힘에 의해 점차 이성적인 방향으로 나아간다(이성주의). 자연의 계획은 인간이 지니고 있는 이성적 소질을 완전히 발휘하도록 만든다. 인간은 대립과 갈등을 해결하기 위해 자신의 이성적 능력을 발휘하여 법과 질서가 지배하는 시민사회를 건설하며, 나아가 평화가 유지되는 국제연맹을 만든다. 역사는 점차 좋은 방향으로 발전한다(진보주의). 일시적으로 갈등과 전쟁 때문에 역사가 퇴보하는 경우도 있지만 장기적으로 보면 역사는 진보한다. 대립과 갈등이 만연한 상태에서 질서와 평화가 정착된 문명사회로 나아간다. 그래서 인류 역사의 궁극적 목적이라고 할 수 있는 이성이 완전히 발휘된 세계시민사회로 전진한다.

이처럼 칸트는 근대 계몽주의의 전통을 계승하여, 인간의 이성에 대한 신뢰를 바탕으로 역사의 운동을 이해했다. 우리는 이성의 능력으로 자연의 숨은 계획을 발견하고 역사의 법칙을 인식하며, 또한 이성의 힘을 발휘하여 법과 질서, 평화가 유지되는 진보한 사회를 만들 수 있다. 칸트는 법칙주의, 이성주의, 진보주의라는 관점에서 인류의 역사를 이해했던 것이다. 이러한 칸트의 계몽주의적 역사철학은 이후에 헤겔과 마르크스에게 많은 영향을 주었다.

:: 국제연합의 탄생을 예언한 칸트

칸트는 1784년 〈세계시민적 관점에서 본 보편사의 이념〉에서 국가들 사이의 전쟁을 종식시키고 세계 평화를 유지하기 위해서는 '국제연맹'이 필요함을 주장했다. 이러한 칸트의 구상은 1920년에는 '국제연맹', 제2차 세계대전이 끝날 무렵인 1945년에는 '국제연합(UN)'으로 현실화되었다. 선견지명을 지닌 위대한 사상가답게 칸트는 이미 150여 년 전에 '국제연합'의 출범을 예언했다.

너 자신의 이성을 사용할 용기를 가져라
사회와 역사에 대한 10가지 질문과 칸트의 답변

|질문 1| 역사에도 법칙이 존재하나요?

|칸트| 인간의 행위는 다른 자연 현상과 마찬가지로 자연의 법칙에 따라 규정됩니다. 인간의 자유의지가 발휘되는 과정을 거시적 관점에서 관찰하면 거기에는 어떤 규칙성이 존재합니다. 각 개인의 활동은 불규칙적이고 혼란스럽게 보이지만 그것을 인류 전체적 관점에서 보면 어떤 규칙성을 발견할 수 있다는 것이죠. 그 규칙은 비록 느리지만 지속적으로 나타나는 것으로서 인간의 근원적인 소질이 발휘된 것입니다. 변덕스러운 날씨를 그날그날 예측하기는 어렵지만 장기적인 관점에서 볼 때는 규칙성을 발견할 수 있습니다. 예를 들어 겨울에서 봄을 거쳐 여름으로 갈수록 기온은 올라가고 비도 많이 내립니다. 그리고 여름에서 가을을 거쳐 겨울로 갈수록 기온은 떨어지고 비도 적게 내리죠.

개인들은 각자 자신의 성향에 따라 목적을 추구하면서 살아가지만, 자기도 모르게 자연의 계획에 따라 살아갑니다. 개개인의 활동은 불규칙적이고 혼란스럽게 보이지만 장기적인 관점에서 관찰하면 규칙이나 법칙이 존재합니다. 왜냐하면 그런 활동의 배후에는 자연의 계획이나 의도가 있기 때문이죠. 모든 생명체에는 자연이 부여한 고유한 목적이 존재합니다. 자연은 모든 생명체에게 고유한 소질을 부여하여 그 소질을 언젠가는 완전히 발휘하도록 만들었습니다. 자연이 인간에게 부여한 고유한 소질이나 목적이 바로 '이성'입니다.

|질문 2| **그렇다면 이성의 능력을 어떻게 발휘할 수 있나요?**
|칸트| 이성의 능력은 하루아침에 향상되는 것이 아니라 시행착오와 훈련, 교육을 통해서 점차 향상됩니다. 따라서 한 개인이 자신의 이성적 능력을 완전히 발휘하기 위해서는 아주 오랜 기간이 필요합니다. 그렇지만 개인의 수명에는 한계가 있기 때문에 이성의 능력을 완전히 발휘하기 위해서는 무수히 많은 세대를 거쳐야 하죠. 따라서 자연이 인간에게 부여한 이성의 능력은 인류 속에서만 완전히 발휘될 수 있습니다. 앞선 세대는 자신들이 계발한 이성적 능력을 다음 세대에게 전수해줌으로써 인류의 이성은 점차 완전한 모습을 갖추게 되는 것이죠. 그러므로 인간에게 주어진 이성의 능력을 완전히 발휘하기 위해서는 세대의 연속으로서 역사가 요구됩니다. 자연은 인간에게 이성과 더불어 자유의지를 주었습니다. 따라서 우리는 본능에서 탈피하여 자발적으로 자신의 이성적 능력을 계발하기 위해 노력해야 합니다.

|질문 3| **역사에서 인간의 적대감은 어떤 역할을 하나요?**
|칸트| 자연은 인간의 고유한 소질인 이성적 능력을 계발하기 위해서 인간들 사이의 적대감을 이용합니다. 인간에게는 사회를 구성하여 함께 협동하면서 살아가려는 성향인 '사회성'이 있는 반면에 사회를 부정하고 자신의 이익만을 추구하면서 개별적인 삶을 살아가려

는 '반사회성'도 있습니다. 즉, 인간에게는 '반사회적 사회성'이 있습니다. 이러한 반사회성으로 인해 대립과 갈등이 발생합니다. 하지만 대립과 갈등, 경쟁이라고 하면 부정적으로 생각하기 쉽지만 실제로 게으름을 막아주고 자신의 잠재적 능력을 일깨우는 자극제 역할을 하기도 합니다. 또한 사회적 대립과 갈등은 우리에게 도덕이나 법, 제도의 필요성을 인식시켜 주죠. 그 결과 인류는 감정이 지배하는 미개한 상태에서 벗어나 이성이 지배하는 사회, 도덕과 법이 통용되는 사회를 창조하게 됩니다. 만약 이러한 대립과 갈등이 없다면 인류는 자신의 잠재적 소질이나 능력을 제대로 계발하지 못하고 미숙한 상태에 머무르게 되겠지요.

|질문 4| **사회는 어떤 방향으로 발전하나요?**

|칸트| 자연은 우리에게 법이 지배하는 시민사회를 건설하도록 유도합니다. 인간의 소질을 완전히 계발하려는 자연의 계획이 달성되려면 법치시민사회를 건설해야 한다는 말입니다. 사회 구성원들이 최대한의 자유를 누리기 위해서는 자유의 범위와 한계를 법으로 규정해야 하기 때문입니다. 법이 없는 자연 상태에서는 개인들의 자유가 서로 충돌하기 때문에 사람들은 오랫동안 더불어 살아갈 수가 없습니다. 그렇기 때문에 사람들은 더 많은 자유를 누리기 위해 스스로 법을 제정하여 자신의 자유를 법으로 구속합니다. 문화, 기술, 법률 등 인류가 창조한 훌륭한 성과물은 인간의 반사회성이 낳은 산물입니다.

|질문 5| **사회에는 지배자가 필요한가요?**

|칸트| 인간이 다른 사람과 더불어 사회를 유지하기 위해서는 지배자가 필요합니다. 법이 있어도 사람들은 이기적인 동물적 성향 때문에 자신은 그 법의 적용을 받지 않으려 합니다. 따라서 지배자가 등장하여 개인들의 이기적 성향을 보편적 의지에 복종시켜야 합니다. 그렇지만 지배자도 이기적 성향이 있을 수 있기 때문에 그 지배자를 통제하는 지배자가 필요하며, 그 상위 지배자를 통제하는 더 높은 지배자가 필요하게 됩니다. 이런 상황은 무한히 이어질 수 있고 이런 문제를 해결하기 위해서는 최고 지배자가 자신에 대해서도 엄격하게 법을 적용하는 정의감을 지니고 있어야 합니다. 물론 이런 지배자를 찾는 것은 매우 어려운 일입니다. 하지만 불가능한 일도 아닙니다. 우리가 노력한다면 훌륭한 지배자에 가까운 사람을 찾을 수 있습니다. 훌륭한 지배자란 다양한 경험을 통해 쌓은 경륜과 선한 의지가 있어야 하며 사회 체제의 본성을 올바로 이해하고 있어야 합니다.

|질문 6| **국제관계는 어떻게 발전하는가요?**

|칸트| 완전한 시민사회를 확립하기 위해서는 합법적인 국제관계가 형성되어야 합니다. 인간의 반사회성은 국가들 사이에서도 나타납니다. 따라서 국가들 사이에 발생하는 대립과 갈등, 전쟁을 막기 위한 평화와 안정의 방안을 마련해야 합니다. 자연은 인간의 적대성을 수단으로 활용하여 국제질서를 확립하도록 이끌어가며, 국제관계가

야만적인 무법 상태에서 벗어나서 국가 간의 연맹을 형성하도록 유도합니다. 이러한 '국제연맹'에서는 작은 국가를 포함하여 모든 국가가 자신의 안전과 권리를 보장받을 수 있습니다.

|질문 7| **역사는 진보하는 것인가요, 퇴보하는 것인가요?**

|칸트| 사람들은 인류 역사의 변화 과정에 대해 질문을 던집니다. 인류의 역사는 우연적으로 변화하는가? 아니면 어떤 법칙에 따라 낮은 단계에서 높은 단계로 진보하는가? 또는 어떤 변화나 진보도 없이 과거의 상태를 그대로 유지하거나, 적대성과 전쟁으로 인해서 지옥과 같은 상태에 빠지지는 않는가? 전쟁과 같은 야만 상태는 인류가 자신들의 자연적 소질을 계발하는 것을 억제하지만, 결과적으로는 이런 야만 상태를 겪음으로써 인류는 그러한 상태를 벗어나기 위해 문명을 건설하고, 법이 지배하는 시민사회와 국제연맹을 건설합니다. 따라서 인류의 역사는 대립과 갈등 때문에 때로는 정체되고 퇴보하기도 하지만 결국에는 이를 극복하고 진보합니다.

|질문 8| **인류 역사의 궁극적 목적은 무엇입니까?**

|칸트| 인류의 역사는 자연의 숨은 계획을 실현하는 과정입니다. 인류는 자신의 모든 소질을 전적으로 발휘하기 위해서 법치시민사회를 건설할 뿐만 아니라 평화를 유지하기 위한 국제연맹을 건설하는 데로 나아갑니다. 점차 미몽과 충동은 사라지고, 위대한 선善으로서 계몽이 출현하게 되죠. 아직은 국제 조직이 낯설지만 점차 공감대가

형성되고 있습니다. 그래서 결국에는 자연이 최고의 목적으로 삼고 있는 보편적인 '세계시민사회'가 실현될 것이라는 희망을 줍니다. 세계시민사회는 인류의 모든 근원적인 소질들이 완전히 계발될 수 있는 터전입니다.

|질문 9| **세계시민사회는 어떤 모습인가요?**
|칸트| 세계시민사회란 세계시민권, 즉 이방인이 다른 국가에 들어갈 때 적대적으로 취급받지 않을 권리가 보장된 사회를 말합니다. 이방인이 다른 나라에서 평화적으로 행동하는 한 그를 적시해서는 안 됩니다. 이방인은 특별한 대우를 받을 '손님의 권리'를 갖고 있지는 않지만 '방문의 권리'는 있습니다. 이것은 지구 표면에 대한 공동 소유권을 갖고 함께 살 수 있도록 모든 인간들에게 주어진 권리입니다. 인간들이 무한히 흩어져 살기란 불가능하며 때문에 서로 이웃하여 살 수밖에 없습니다. 따라서 아무도 지상의 어떤 공간에 대해 다른 사람보다 더 많은 권리를 주장할 수 없습니다. 세계시민들이 이러한 권리를 세계시민법으로 보장하고 평화적인 교류를 확대한다면 인류는 점차 '세계시민사회'로 나아갈 수 있습니다. 이제 지구상의 어느 한 곳에서 법이 훼손되었을 경우에 도처에서 이것을 느낄 수 있을 만큼 세계공동사회의 개념이 발전했습니다. 따라서 세계시민법이나 세계시민사회의 이념은 공상적이거나 과장된 것이 아니며 인류의 영구 평화를 위해서라도 반드시 필요합니다.

|질문 10| 보편적 세계사를 기록하는 것은 어떤 의미가 있습니까?

|칸트| 우리는 인류의 역사를 일정한 이념의 관점에서 기록할 수 있습니다. 그 이념이란 인류의 역사가 자연의 숨은 계획에 따라 세계 시민사회를 향해 나아가야 한다는 것입니다. 왜냐하면 인간의 자유로운 행위 속에는 자연의 숨은 계획이나 의도가 들어 있기 때문입니다. 이런 이념에 따라 인류의 역사를 서술하는 것은 다음과 같은 의미를 지닙니다. 인류의 혼란스러운 행위를 체계적으로 이해할 수 있으며, 국가의 미래 발전 방향을 예측할 수 있고, 미래에 대한 희망찬 전망을 가질 수 있습니다.

만남2

변증법의 철학자, 헤겔

이제 칸트의 사상을 계승하여 역사철학을 새로운 관점에서 체계화한 헤겔을 만나보자. "사상은 시대의 아들이다"라는 헤겔의 말처럼 헤겔 자신의 사상 역시 그 시대의 아들일 수밖에 없다. 칸트와 헤겔은 18~19세기 독일 사회를 배경으로 그 시대의 문제의식과 정신을 반영하는 사상을 완성했다.

그들이 살았던 18~19세기 독일 사회의 시대정신은 '계몽'이었다. 당시 독일은 영국이나 프랑스에 비해 근대 시민사회가 늦게 형성되었다. 아직도 사회 곳곳에 봉건적 잔재가 많이 남아 있었으며 사회는 비합리적으로 운영되었다. 영국과 프랑스는 시민혁명을 거치면서 자유와 평등의 이념에 입각한 이성적인 시민사회를 건설하는 방향으로 나아갔지만, 독일은 여전히 비이성적인 낡은 봉건적 틀을 벗어던지지 못하고 있었다. 따라서 그 시대의 지식인이자 사상가로서 칸트와 헤겔이 지녔던 시대정신은 '계몽'이 될 수밖에 없었다. 낙후한 독일 사회를 계몽된 사회로, 다시 말해 이성이 지배하는 합리적 사회로 만드는 것이 그들의 과제였다. 그래서 헤겔도 칸트와 마찬가지로 계몽주의적 전통을 계승하여 이를 바탕으로 독자적인 역사철학 이론을 전개했다.

헤겔의 역사철학을 본격적으로 검토하기 전에 아래의 문제를 통해서 그의 삶에 대해 먼저 살펴보자.

변증법의 철학자, 헤겔

칸트와는 다르게 헤겔의 개인적 삶에 대한 이야기는 별로 알려진 것이 없다. 대부분의 사람들은 '헤겔'이라는 이름을 들으면 '변증법'이나 '절대정신'이라는 용어를 떠올리면서 사변적이고 관념적이어서 매우 어렵게 느껴지는 그의 철학을 생각할 것이다. 헤겔은 젊은 시절에 칸트 철학에 심취했으며, 프랑스 혁명에도 열광했다. 그러나 그런 열광을 겉으로 잘 드러내지 않았으며, 프랑스 혁명 기념일에

다음 중 헤겔의 삶에 대한 설명으로 옳지 않은 것은?
① 대학 시절 헤겔의 별명은 '노인'이었다.
② 헤겔은 나폴레옹의 모습을 보고 '세계정신'이 말을 탔다고 표현했다.
③ 쇼펜하우어는 헤겔 철학을 강하게 비난했다.
④ 헤겔은 아주 젊은 나이에 대학 교수가 되었다.
⑤ 헤겔의 강의는 인기가 많아 강의실은 학생들로 가득 찼다.

칸트의 계몽주의 전통을 계승하여 독자적인 역사철학 이론을 전개한 헤겔

는 혼자 조용히 포도주를 마시면서 그 의미를 되새기곤 했다. 대학에 다니면서 친분을 쌓은 프리드리히 셸링[Friedrich Schelling, 1775~1854] 같은 친구들이 '노인'이라는 별명을 붙여줄 정도로 그의 성격은 노숙하면서 진지했다. 독일의 작은 도시인 예나에서 대학 강사로 활동할 당시 헤겔은 프랑스 혁명군이 도시로 진입하는 장면을 목격했는데, 나폴레옹의 모습을 보면서 '세계정신'이 말을 탔다는 기록을 남기기도 했다.

헤겔의 대학 강의는 인기가 아주 많았다. 그의 강의는 상당히 어려운 편이었음에도 불구하고 학생들을 끌어당기는 매력이 있어 강의실은 학생들로 발 디딜 틈이 없었다. 그는 인기 강사였지만 친구 셸링처럼 젊은 나이에 대학 교수가 되지는 못했다. 오랫동안 강사 생활을 하던 헤겔은 46세에 비로소 교수가 되었다. 당시 헤겔 철학에 대해 가장 심한 비난을 가했던 철학자 중의 한 사람은 쇼펜하우어[Arthur Schopenhauer, 1788~1860]였다. 쇼펜하우어는 인기를 끌던 헤겔 철학을 '헛소리' 또는 '정신병자의 미친 생각'이라고 격렬하게 비난하면서 나중에 조롱거리가 될 것이라고 예언했다. 그러나 쇼펜하우어의 예언과는 다르게 헤겔 철학은 사상사에 커다란 영향을 미치면서 근대의 주요 사상으로 자리를 잡는다. 1831년 베를린에 퍼진 콜레라에 감염되어 61세의 나이로 삶을 마감한 헤겔은 생전의 소원대로 피히테[Johann Fichte, 1762~1814]의

묘소 옆에 나란히 묻혔다. 따라서 앞의 문제에서 헤겔의 삶에 대해 잘못 설명한 것은 ④번이다.

 헤겔은 변증법의 관점에서 자연과 사회, 사고를 포괄하는 하나의 거대한 철학 체계를 세우려고 시도했으며, 다양한 분야에 걸친 방대한 저작을 남겼다. 그는 자연, 사회, 법, 역사, 예술, 종교, 철학사, 논리학 등 여러 분야를 폭넓게 연구하여 많은 성과물을 남겼다. 주요 저작을 간략하게 소개하면 다음과 같다.
 《정신현상학 Phänomenologie des Geistes》(1807)은 인식 또는 지식이 어떻게 형성되어 발전해가는지 그 과정을 설명한다. 즉, 세계에 대한 인식이 낮은 단계에서 높은 단계로 점차 상승하는 과정을 변증법적 관점에서 서술한다. 따라서 이것은 '인식론'에 대한 저술이라고 할 수 있다. 헤겔은 우리의 인식이 감각 단계에서 출발하여 지각, 지성의 단계를 거쳐서 자기의식, 이성, 정신, 종교, 절대지의 단계로 발전한다고 보았다. 《논리학 Wissenschaft der Logik》(1816)은 사고의 기본 법칙인 변증법적 논리학에 대해서 설명한다. 헤겔은 기존의 형식 논리학에 한계가 있다고 비판하면서 변증법적 논리학을 제시했다. 여기서 언급되는 주요 내용에는 질과 양의 문제를 다루는 '존재론', 본질과 현상의 문제를 다루는 '본질론', 개념과 판단, 추론의 문제를 다루는 '개념론'이 있다.
 《법철학 Grundlinien der Philosophie des Rechts》(1821)은 사회의 발전 과정에 대해 설명한다. 사회는 외면적이고 강제적인 '법'이 지배하는 단계에서 출발하여, 내면적이고 자율적인 '도덕'이 지배하는 단계를 거쳐, 이 두 가지가 종합된 '인륜'의 단계로 고양된다. 인륜의 이념은 사랑을 매개로 직접적으로 통일된 '가족' 형태와 시민들의 개별적 욕구를 매개로 결합된 '시민사회' 형태를 거쳐, 개별성과 공동체성이 통합된 '국가' 형태로 발전한다. 헤겔은 인류의 이념이 최고 형태로 실현된 '국가'를 사회의 가장 발전된 모습으로 상정했다. 《역사철학강의 Vorlesungen über die Philosophie der Geschichte》(1837)는 그가 말년에 역사철학에 대해 강의했던 내용을 모아 사후에 출판된 책이다. 이 책은 역사에 대한 일반론과 더불어 세계사의 발전 과정을 구체적으로 설명한다. 헤겔은 인류의 역사가 점차 이성을 실현하고 개인의 자유가 확대되는 방향으로 진보한다고 보았다.

이러한 헤겔의 사상은 칸트, 피히테, 셸링으로 이어지는 독일의 관념론 또는 이상주의를 완성했다고 볼 수 있다. 헤겔은 이성 또는 정신의 원리가 자연과 사회, 사고에서 어떻게 작용하는지를 총체적으로 분석하여 설명했다. 그는 인간의 이성에 대한 절대적 신뢰를 바탕으로 이성이라는 정신적 힘이 세계를 지배하는 현상을 서술하면서 이성적 세계의 건설을 하나의 이상으로 추구했다. 이런 점에서 헤겔은 근대의 이성주의 또는 계몽주의의 전통을 계승하고 있다.

'헤겔 철학'이라고 하면 '변증법'이 떠오르듯 헤겔 철학에서 가장 중요한 이론도 변증법이다. 그는 이성 또는 정신이 변증법의 원리에 따라 움직인다고 보았다. 역사성과 총체성을 핵심으로 하는 변증법의 원리는 이성뿐만 아니라 이성의 지배를 받는 사회와 자연에도 작용한다. 때문에 이러한 '변증법'과 '관념론'이라는 두 측면에 주목하여 그의 철학을 '변증법적 관념론'이라고 부르기도 한다. 따라서 헤겔의 역사철학을 제대로 이해하기 위해서는 우선 변증법이란 무엇인지를 알아야 한다. 흔히 변증법이란 정正, 반反, 합合이라고 말한다. 물론 틀린 말은 아니지만 변증법은 이보다 훨씬 더 풍부한 내용을 담고 있다. 헤겔의 변증법을 만나기 전에 변증법의 기본 원리를 짚어보자.

변증법의 기본 원리

> **변화와 역사성: 사물은 끊임없는 변화의 과정 속에 있다**
>
> 세상은 변화하는가, 아니면 불변하는가?

어떤 사람은 세상이 많이 바뀌었다고 주장한다. 과거에 비해 개인의 자유와 평등이 확대되고 물질적 풍요도 증대되었다는 것이다. 반면에 어떤 사람은 세상이 바뀐 것 같지만 실제로는 별로 달라진 것이 없다고 비판한다. 과거에 비해 더 자유롭고 평등한 사회가 된 것 같지만 단지 겉모습에 불과하다는 것이다. 그들에게 세상은 여전히 가진 자와 못 가진 자로 나뉘어 있으며, 가진 자가 부와 권력을 독점하고 못 가진 자는 부와 권력으로부터 소외되어 있다. 과연 누구의 주장이 맞는 것일까?

변증법에서는 모든 사물은 끊임없는 변화의 과정 속에 있다고 본다. 모든 사물의 근본적인 존재 방식은 운동과 변화라는 것이다. 이처럼 세계는 정지되어 있는가, 아니면 운동하는가 하는 것은 오래전부터 논란이 되어왔던 철학적 주제였다.

고대 그리스 철학자 파르메니데스 Parmenides, BC 515~445? 와 그의 제

■■ 엘레아학파
BC 5세기경 이탈리아 남부의 그리스 식민지 엘레아 지방에서 번성했던 학파로 극단적 일원론의 입장에서 여러 사물들의 존재와 운동 및 변화를 부정하였다. 날카로운 논리적 사고가 특징이다.

자인 제논$^{Zenen\ ho\ Eleates,\ BC\ 490?~430?}$은 사물의 근본 원리를 정지로 보았다. 이들은 그리스의 엘레아 지방에서 주로 활동했기 때문에 엘레아학파로 불린다. 엘레아학파는 현상만 본다면 사물은 운동하고 변화하는 것처럼 보이지만 그 본질은 정지와 불변이라고 주장했다. 우리의 감각기관에는 사물들이 변화하는 것처럼 보이지만, 논리적·이성적으로 탐구한다면 이러한 변화나 운동은 거짓으로 드러난다는 것이다. 파르메니데스는 다음과 같이 주장했다.

변화란 '있는 것'이 '있지 않은 것'으로 되는 것이다. 하지만 '있는 것'을 '있지 않은 것'이라고 말하는 것은 잘못이다. 왜냐하면 '있는 것'은 있고, '없는 것'은 없기 때문이다. 또한 '허공'도 존재하지 않는다. '허공'이란 '아무것도 없는 것'인데, '허공이 있다'고 한다면 이것은 자기모순을 범하는 것이다. '허공'은 존재하지 않는다. 따라서 존재하는 것은 세계에 가득 찬 '한 덩어리의 존재'뿐이다. 세계에는 여러 개의 존재가 있는 것이 아니라 단 한 개의 존재만이 있을 뿐이다. 이것은 '운동하지 않고 변화하지 않는 하나의 커다란 덩어리'이다. 이것을 '부동^{不動}의 일자^{一者}'라고도 부른다. 세계에는 사물이 운동할 수 있는 허공, 즉 빈 공간도 없고, 변화도 없다. 단지 운동하지 않고 변화하지 않는 하나의 존재만이 있을 따름이다. 감각적으로 보면 사물은 운동하고 변화하는 것처럼 보이지만 논리적으로 따져보면 사물은 운동이나 변화를 하지 않는다.

파르메니데스는 '변화'를 없던 것이 새로 생기는 '생성'이나 있던 것이 사라지는 '소멸'의 의미로만 이해함으로써 변화를 부정하는 결론에 도달했다. 그러나 '변화'는 생성이나 소멸뿐만 아니라 '다른 것으로 바뀜'이라는 의미도 갖고 있다. 즉, 'A이던 것이 B로 바뀜'이라는 의미도 있다. 예를 들면 '뜨거운 물건이 식어서 찬 물건으로 바뀌는 것'도 변화다. 이 경우에는 물건 그 자체가 생성하거나 소멸하는 것은 아니며, 단지 그 물건의 성질만이 바뀐 것이다. 따라서 이것도 변화이기 때문에 세상에는 변화가 존재한다고 볼 수 있다.

이제 파르메니데스의 제자인 제논의 주장을 살펴보자. 제논의 역설, 또는 발이 빠른 아킬레우스가 느린 거북이를 잡지 못한다는 이야기를 들어본 적이 있을 것이다.

발이 빠른 아킬레우스와 느린 거북이가 경주를 벌인다. 아킬레우스는 A지점에서 출발하고 거북이는 앞선 지점인 B에서 출발한다. 경주가 시작되어 아킬레우스가 거북이가 있던 지점인 B에 도착했을 때, 그동안 거북이는 C에 도착한다. 또 아킬레우스가 거북이를 잡기 위해서 C를 향해 달려갈 동안 거북이는 D에 도착한다. 아킬레우스가 D에 도착하면 거북이는 E에 도착한다. 아킬레우스는 빠르고 거북이는 느리기 때문에 아킬레우스와 거북이 사이의 거리는 점차 단축되겠지만 아킬레우스가 거북이를 따라잡을 수는 없다. 단지 둘 사이의 거리가 아주 가까워질 따름이다.

걸음이 빠른 아킬레우스가 느린 거북이를 잡지 못한다는 것은 하나의 '역설paradox'이다. 즉, 앞뒤가 맞지 않는 모순된 이야기다. 만약 운동이 존재한다면, 빠른 아킬레우스가 느린 거북이를 따라잡아야 한다. 그런데 이렇게 논리적으로 따져보면 빠른 아킬레우스가 느린 거북이를 따라잡지 못하는 일이 벌어진다. 따라서 운동은 존재하지 않는다. 이런 식으로 운동의 존재를 부정하는 증명 방식을 '귀류법적 증명"이라고 한다. 우리의 감각기관에는 운동이 존재하는 것처럼 보이지만 논리적·이성적으로 따져보면 운동이 존재할 경우에는 역설이 발생한다. 따라서 감각적 판단이 아니라 논리적·이성적 판단에 따라 운동은 존재하지 않는다고 보아야 한다. 감각기관은 믿을 수 없으며, 우리는 이성적 판단에 따라야 한다.

　이와 함께 제논은 '날고 있는 화살은 날지 않는다'라는 또 다른 역설을 제시하기도 했다.

A에서 출발해 B를 향해 날아가는 화살이 있다. 그런데 이 화살은 특정 시간에는 자신의 부피만큼 일정한 공간을 차지하면서 정지해 있다. 따라서 '날고 있는 화살'은 '날고 있지 않는 것'이다. 이것도 하나의 역설이다.

운동이 있다고 가정하면 이런 역설이 발생하므로 운동이 있다는 생각은 옳지 않다는 것이 제논의 논리다. 감각으로 현상만 보면 운동은 있는 것 같지만, 이성적·논리적으로 생각하면 운동은 존재하지 않는다. 운동은 사물의 참모습이 아니며 정지가 사물의 참모습이다. 이처럼 파르메니데스와 제논은 세계의 근본 원리를 정지와 불변의 관점에서 보았다.

이에 비해 고대 그리스의 헤라클레이토스Herakleitos, BC 540?~480?와 데모크리토스Democritos, BC 460?~370? 같은 철학자는 모든 사물들의 근본 원리를 변화와 운동이라고 보았다. 사물은 항상 변화와 운동의 과정에 있으며, 정지나 불변은 일시적인 현상에 불과하다는 것이다.

헤라클레이토스는 '우리는 같은 강물에 두 번 들어갈 수 없다'고 주장했다. 왜냐하면 강물은 계속 흘러가므로 같은 위치에 있다고 하더라도 앞서 들어간 강물과 나중에 들어간 강물은 서로 다른 강물이기 때문이다. 어제 들어간 강물은 이미 흘러가고 없

:: 귀류법적 증명

A의 타당성을 증명하기 위해 A와 반대되는 주장의 문제점을 지적하는 방식으로 증명하는 것이다. 예를 들어 민주주의를 옹호하기 위해 다음과 같은 주장을 펼칠 수 있다. 민주주의가 아닌 독재 체제에서는 독재자가 권력을 남용하기 때문에 국민이 억압을 받고 국민의 의견이 무시되는 등 많은 문제점이 발생한다. 따라서 독재는 나쁘며, 민주주의가 옳다.

으며 따라서 오늘 들어간 강물은 어제의 강물이 아니다. 강물은 계속 흐르면서 변화하기 때문에 매순간 서로 다른 강물이 된다. 그러므로 우리는 같은 강물에 두 번 들어갈 수 없다. 이처럼 헤라클레이토스는 모든 사물이 강물처럼 끊임없는 운동과 변화의 과정에 있다고 보았다. 그래서 그는 '만물은 흘러가며 변화한다 panta rhei'는 유명한 말을 남겼다.

원자론으로 유명한 데모크리토스도 사물은 항상 운동 과정에 있다고 보았다. 세계에는 원자와 더불어 빈 공간, 즉 허공이 존재한다. 파르메니데스는 허공의 존재를 부정했지만 데모크리토스는 허공이 존재한다고 주장했다. 따라서 원자가 움직일 수 있는 공간이 존재하기 때문에 원자는 이제 운동을 할 수 있다. 원자의 운동 원인은 외부에 있는 것이 아니라 원자 그 자체에 있다. 원자는 원래부터 운동 상태에 있기 때문에 굳이 정지를 자연스럽고 당연한 상태로 볼 필요가 없다. 따라서 원자가 왜 운동 상태에 있는지를 설명할 필요는 없다. 정지와 운동 중에서 어떤 것을 사물의 원래 상태로 간주하더라도 그 원인에 대한 설명의 부담은 똑같다.

뉴턴은 모든 물체가 자신의 운동 상태를 그대로 유지하려는 성질이 있다고 말했다. 이것이 바로 '역학의 제1법칙'이다. 빠른 속도로 달리던 버스가 갑자기 정지하면 승객들이 앞으로 넘어지는데 그 이유는 승객들이 계속해서 그 속도로 운동하려는 성질이 있기 때문이다. 그렇다면 물체는 왜 자신의 운동 상태를 그대로 유지하려고 하는가? 이 물음에 대해서는 뉴턴도 특별한 답을 내놓지 않았다. 그는 단지 모든 물체가 원래부터 그런 성질을 지니고 있기 때문이라고 생각했다.

  세계는 정지되어 있는가, 아니면 운동하는가? 세계는 불변하는가, 아니면 변화하는가? 앞에서 보았듯이 이것은 아주 오래된 철학적 문제들 중의 하나였다. 다음 장에서 자세하게 살펴보겠지만 이 물음에 대해서 헤겔은 운동과 변화를 주장하는 노선에 따라 세계가 끊임없이 운동하고 변화한다고 주장한다. 사물들은 한꺼번에 자신의 모습을 드러내는 것이 아니라, 다양한 과정과 현상을 통해서 자신의 모습을 드러낸다. 따라서 사물은 항상 변화와 운동의 과정에 있다. 사물의 현재 모습은 지속적인 변화와 발전의 한 단계이자 과정이며, 고정되거나 완결된 것이 아니다. 사물은 시간의 흐름 속에서 지속적으로 변화하고 발전하기 때문에 역사를 갖는다. '시간성'과 '역사성'은 사물을 제대로 인식하기 위한 핵심 개념이다.

  상호연관성: 모든 사물이나 과정은 서로 영향을 주고받는다
  변증법의 또 하나의 원리는 모든 사물이나 과정이 서로 영향을 주고받는다는 것이다. 개별적인 사물이나 과정은 고립된 상태로 존재하는 것이 아니다. 사물들은 서로에게 영향을 미치는 연관 관계 속에서 존재하며 각각의 과정은 서로에게 영향을 끼친다. 즉, 서로 긴밀한 상호작용을 한다.

  만유인력의 법칙에 따르면 질량을 지닌 모든 물체는 다른 물체를 끌어당기는 힘이 있다. 따라서 질량을 지닌 모든 물체는 그 힘이 크든 작든 간에 다른 물체와 영향을 주고받는다. 역학적 측면에서 볼 때 세계에 존재하는 모든 물체는 상호작용을 한다. 이

와 마찬가지로 각각의 사회나 개인도 다른 사회나 개인과 영향을 주고받는다. 인간은 고립된 존재가 아니라 사회적 존재다. 함께 모여 사회를 구성해 살아가며 사회적 협동을 통해 자신의 잠재적 능력과 소질을 발휘한다. 사회적 존재로서 인간은 다른 사람들과 긴밀하게 상호작용을 하고 있다.

예를 들어 나무의 성장 과정을 살펴보면 앞 단계는 뒤 단계에 많은 영향을 미친다. 씨앗의 상태는 싹의 형태에 영향을 주고, 싹의 발육 상태는 뿌리의 크기에 영향을 준다. 뿌리의 크기는 줄기와 잎의 발육에 영향을 주며, 줄기와 잎의 발육 상태는 꽃의 모양이나 열매의 크기 등을 결정하는 중요한 요소가 된다. 이처럼 나무가 성장하면서 거치게 되는 각각의 단계는 다음 단계에 영향을 주면서 서로 긴밀한 관계를 맺는다.

나무의 특정한 성장 단계나 시기만을 떼어놓고 보더라도 나무

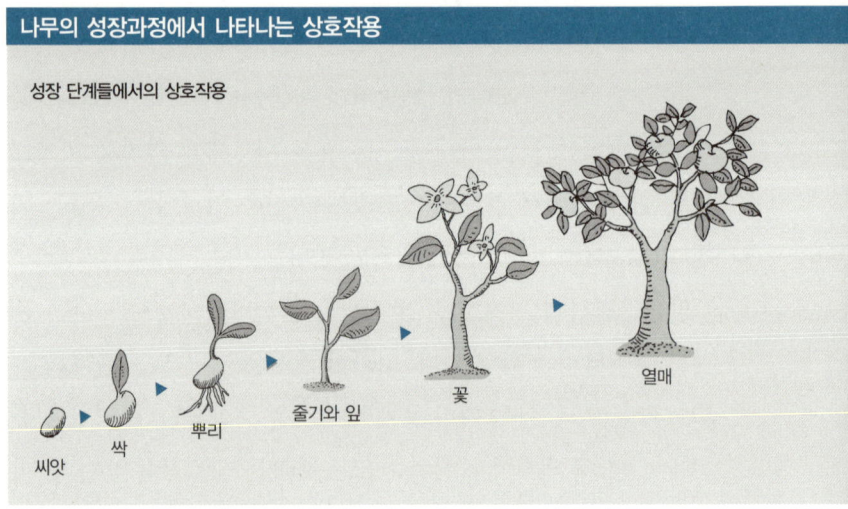

나무의 성장과정에서 나타나는 상호작용

성장 단계들에서의 상호작용

씨앗 ▶ 싹 ▶ 뿌리 ▶ 줄기와 잎 ▶ 꽃 ▶ 열매

를 구성하는 각각의 부분이나 요소들이 서로 긴밀하게 상호작용을 하는 것을 알 수 있다. 뿌리는 수분을 흡수하여 줄기와 잎으로 보내고, 잎은 광합성 작용을 통해서 영양분을 만들어 줄기와 뿌리에 공급하며, 줄기는 잎과 뿌리를 연결해 영양분과 수분의 통로 역할을 한다. 여기서 볼 수 있듯이 나무를 구성하고 있는 뿌리와 줄기, 잎은 서로에게 영향을 주면서 긴밀하게 연관되어 있다.

 이처럼 변증법적 관점은 사물이나 과정이 고립되어 있는 것이 아니라 서로에게 영향을 주면서 상호작용을 한다고 본다. 과거가 현재에 영향을 주고, 현재는 미래에 영향을 준다. 또한 특정한 시기나 단계에서 사물을 구성하는 각각의 요소들은 서로에게 영향을 주면서 유기적인 전체를 이룬다. 한 사물을 구성하는 부분과 부분이 상호작용을 할 뿐만 아니라 부분과 전체도 긴밀하

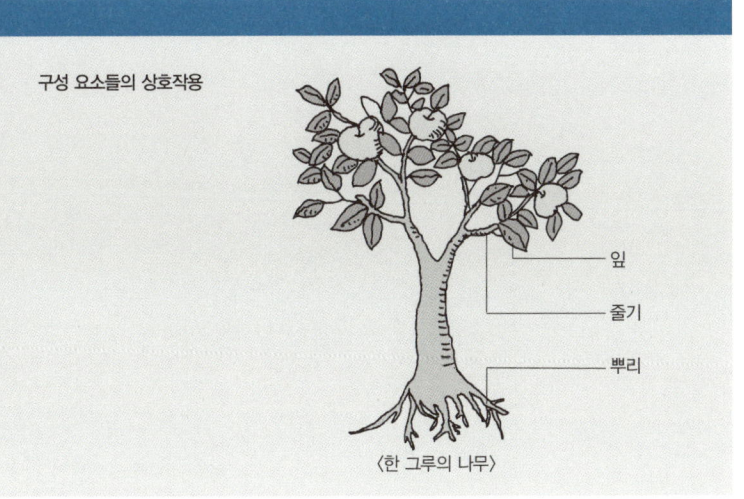

구성 요소들의 상호작용

〈한 그루의 나무〉

게 상호작용을 한다.

  헤겔은 이 같은 변증법의 원리가 자연 현상뿐만 아니라 사회와 역사에도 적용된다고 보았다. 칸트의 계몽주의 전통을 계승한 헤겔은 역사는 이성의 힘에 의해 진보하며, 역사의 발전은 변증법의 원리에 의해 이루어진다고 생각했다. 즉, 역사는 이성이라는 정신(관념)의 힘에 의해 변증법적인 발전 과정을 거친다는 것이다. 여기서 '변증법'과 '관념론'이 핵심이 되기 때문에 그의 역사관을 '변증법적·관념론적 역사관'이라고 부르기도 한다. 이제 다음 장에서 그의 변증법적 역사관을 좀 더 자세하게 들여다보자.

만남 3

헤겔, 변증법을 체계화하다

헤겔이 바라본 변증법

헤겔은 자연뿐만 아니라 사회와 역사, 인간의 사고를 비롯하여 세계 전체가 변증법적으로 운동한다고 보았다. 헤겔은 《정신현상학》에서 진리에 대해 다음과 같이 말했다.

> 진리는 전체다. 그러나 이 전체는 오직 스스로 전개 과정을 통해서 자기 완성을 추구하는 존재다.

변증법의 관점에서 '진리^{眞理}' 또는 '진상^{眞相}(사물의 참된 모습)'은 변화하는 과정 전체다. 사물의 본질은 현상을 통해서 드러난다. 즉, 사물은 자신의 참된 모습을 계속해서 변화하는 현상을 통해 드러낸다. 사물의 참된 모습은 직접적으로 일시에 드러나는 것이 아니라, 항상 매개물을 통해서 시간적 계기에 따라 간접적으로 드러난다. 따라서 변화하는 현상 속에는 그 사물의 진상이나 본질이 들어 있다. 우리는 현상을 통해서 사물의 본질을 인식할 수 있다.

아래 그림에서 '나무'의 진상 또는 본질은 무엇인가? 나무는 씨앗에서 시작하여, 싹이 나고, 뿌리가 생기고, 줄기와 잎이 생기고, 꽃이 피고, 열매가 맺는 과정을 겪는다. 그렇다면 여기서 나무의 진상은 무엇이라고 할 수 있는가? 나무의 진상은 줄기와 잎이 생기는 단계도 아니고, 꽃이 피는 단계도 아니며, 열매를 맺는 단계도 아니다. 나무의 진상은 어떤 고정된 하나의 단계가 아니라 여러 단계를 거치면서 변화하는 과정 전체라고 할 수 있다. 나무는 성장하는 과정 전체를 통해서 자신의 참모습을 드러낸다. 그리고 우리는 여러 단계의 변화 과정을 거치는 나무의 현상들(외관들)을 통해서 나무의 진상이나 본질을 파악할

수 있다.

이러한 변증법적 관점은 자연뿐만 아니라 인간이나 사회 분야에도 마찬가지로 적용된다. 예를 들어 '철수'라는 사람의 참모습은 무엇인가? 철수는 유아기, 아동기, 청소년기, 청년기, 장년기, 노년기를 거치면서 많은 변화를 겪는다. 외모뿐만 아니라 가치관이나 사고방식, 행동방식도 많이 바뀐다. 그렇다면 이러한 변화의 과정 중에서 어느 시기나 단계가 철수의 참모습이라고 할 수 있을까? 철수는 살아가면서 자신의 모습을 다양한 형태로 드러내기 때문에, 변화의 과정을 겪는 철수의 삶 전체가 그의 참된 모습이라고 할 수 있다. 철수의 본질은 특정 시기나 단계에 있는 것이 아니다. 우리는 철수의 변화하는 모습, 즉 겉으로 드러난 현상 전체를 고찰함으로써 철수의 참모습을 인식할 수 있다.

물론 때로는 현상이 본질을 제대로 드러내지 못할 수도 있다. 어떤 사람이 자신의 본질을 숨기기 위해 의도적으로 다른 사람들을 속일 수 있기 때문이다. 악한 사람이 다른 사람들을 속이기 위해 자신을 착한 사람인 것처럼 꾸밀 수 있다. 따라서 이런 경우에는 겉모습만 보고 그 사람을 판단하면 잘못을 범할 수 있다. 그 사람이 착한 사람인지 아니면 악한 사람인지를 판단하려면 그 사람이 살아온 삶의 과정 전체를 보아야 한다. 특정 모습이나 시기만을 보고 그 사람의 본질을 제대로 판단하기는 어렵다.

이처럼 사물의 진리 또는 진상은 변화하는 과정 전체에 있다. 사물은 자신의 참모습을 일시에 드러내는 것이 아니라 변화하는 과정을 통해 점진적으로 드러낸다. 사물은 자신의 본질을 시간적 계기를 통해 현상의 형태로 드러낸다. 따라서 사물의 본질을 인식하기 위해서는 그 사물의 역사, 즉 변화하는 과정 전체를 보아야 한다. 이것이 바로 헤겔이 말하는 변증법의 기본 관점이다.

변증법의 기본 법칙

대립물의 통일·투쟁의 법칙(모순의 법칙): 사물은 왜 운동하고 변화하는가? 변증법은 대립물들이 사물 속에서 서로 갈등하며 통일을 이루고 있는데, 이런 모순이 운동과 변화의 원인이라고 본다. 만약 모순이 없다면 그 사물은 정지 상태에 머물러 있을 것이다. 그러나 사물 속에는 대립과 갈등의 요소가 내재하기 때문에 변화와 운동이 발생한다. 변증법적 관점에서 대립과 갈등은 일시적이거나 불안정한 상태가 아니라 사물의 근본적인 존재 원리다.

물론 고대 그리스의 피타고라스 Pythagoras, BC 580?~500? 처럼 조화와 안정을 사물의 근본 원리로 보는 철학자도 있다. 피타고라스는 '모든 사물은 숫자로 구성되어 있다'고 보았다. 사물을 구성하는 요소들은 일정한 수의 비율을 유지하면서 조화를 이룬다. 아래의 그림에서 볼 수 있듯이 음악에서 화음은 현의 길이가 일정한 비율로 조화를 이룰 때 성립한다. 현의 길이를 1/2로 하면 한 옥타브 높은 8도 음정을 얻을 수 있고, 현의 길이를 2/3와 3/4으로 할 때는 각각 5도 음정과 4도 음정을 얻을 수 있다.

수학에서도 마찬가지다. 직각삼각형의 경우에 세 변의 길이는 3:4:5 또는 5:12:13 등의 비율을 이룬다. 이렇게 모든 사물의 내부에는 일정한 비율이 존재하며, 이로 인해 사물은 조화와 안정

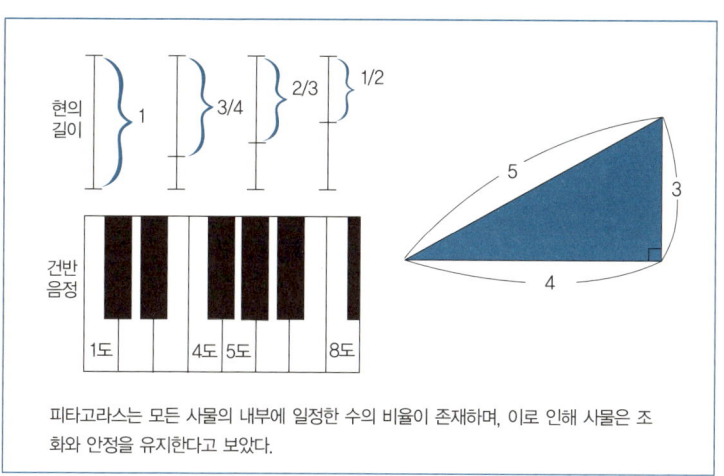

피타고라스는 모든 사물의 내부에 일정한 수의 비율이 존재하며, 이로 인해 사물은 조화와 안정을 유지한다고 보았다.

을 유지한다. 그래서 우주는 코스모스^{cosmos}, 즉 질서가 있는 세계다. 세계는 근본적으로 수의 비율을 통해 조화와 안정을 유지한다. 만약 이러한 수의 비율이 무너지면 부조화와 불안정의 상태가 된다. 피타고라스는 조화와 안정을 사물의 근본 존재 원리, 부조화와 불안정은 일시적인 비정상적 상태로 간주했다.

이에 비해 헤라클레이토스는 오히려 대립과 갈등을 사물의 근본 원리로 간주했다. 모든 사물은 원래부터 대립과 갈등의 요소를 내포하고 있으며, 이를 통해서 그 사물이 존재한다는 것이다.

나무를 태우는 불꽃의 모습을 떠올려보자. 겉으로는 안정을 유지하고 있는 것처럼 보이지만, 그 내부에서는 계속해서 뜨거운 열로 나무를 태우면서 나무와 투쟁을 벌인다. 불꽃은 이 투쟁을 통해서 자신의 모습을 유지한다. 활도 마찬가지다. 활대는 계속해서 밖으로 펼쳐지려 하고, 활줄은 이것을 막기 위해 활대를 안으로 잡아끈다. 이렇게 활대와 활줄이 서로 대립하고 투쟁할 때 활의 형태가 유지된다. 만약 활대와 활줄이 느슨한 관계로 바뀐다면 활은 자신의 형태를 유지할 수 없다. 모든 사물 속에는 대립과 갈등이 존재하며 이를 통해 사물은 자신의 형태를 유지한다. 이처럼 헤라클레이토스는 조화와 안정이 아닌 대립과 갈등이 사물의 근본 원리라고 주장했다.

헤겔은 이런 철학적 논쟁에서 헤라클레이토스의 노선을 따라 대립과 갈등을 사물의 근본 원리로 간주했다. 운동과 변화가 없다면 사물은 항상 동일한 상태만을 유지하게 되고 따라서 그 사물에 역사는 존재하지 않는다. 어떤 사물이 역사를 지니려면 그 사물은 운동과 변화의 과정을 거쳐야 한다. 헤겔은 운동과 변화의 원인을 모순, 즉 대립과 갈등으로 보았다.

모순이란 무엇인가? 그리고 모순은 어디에 존재하는가? 모순矛盾이란 '창과 방패'의 관계를 가리킨다. 즉, '모든 것을 뚫을 수 있는 창'과 '모든 것을 막을 수 있는 방패'의 관계다. 과연 '모든 것을 뚫을 수 있는 창'과 '모든 것을 막을 수 있는 방패'가 동시에 존재할 수 있을까? 만약 그 창으로 그 방패를 찌른다면 어떻게 될까? 아마 창이 방패를 뚫든지, 아니면 방패가 창을 막든지 둘 중의 하나일 것이다. 따라서 두 주장은 동시에 성립할 수 없는 이율배반二律背反의 내용을 담고 있다. 이처럼 양립할 수 없는 두 주장을 '모순'이라고 부른다.

만약 모순 개념을 이렇게 '양립 불가능성'이나 '이율배반'의 의미로 사용한다면, 사물 속에는 모순이 존재할 수 없다. 모순이란 양립 불가능하다는 것을 뜻하는 것이며, 이는 곧 현실 속에서는 존재할 수 없음을 의미한다. 따라서 모순은 단지 언어 속에

만, 즉 주장이나 명제 속에만 존재한다. 다시 말해 서로 양립 불가능한 두 주장(명제)을 동시에 할 경우에만 모순이 발생한다.

그렇다면 헤겔 사상에서 모순 개념은 무엇을 의미하는가? 헤겔 사상이나 이를 계승한 마르크스 사상에서 모순 개념은 양립 불가능성이나 이율배반의 의미가 아니라 '대립성'이나 '양극성'의 의미로 사용된다. 이처럼 모순 개념을 서로 대립적인 힘이나 요소, 또는 양극단에 위치하는 힘이나 요소를 가리키는 의미로 사용한다면, 현실 속에도 모순이 존재할 수 있다.

예를 들면 자석에서 S극과 N극은 서로 대립하는 힘으로 존재한다. 자석에서 S극과 N극은 대립하면서도 서로를 필요로 한다. S극 없이는 N극도 존재할 수 없고, N극 없이는 S극도 존재할 수 없다. S극과 N극은 서로 대립하는 힘으로 작용하면서도 하나로 통일되어 자석을 구성하는데 이러한 대립을 모순이라고 한다.

자본주의 사회에서 자본가 계급과 노동자 계급의 관계도 마찬가지다. 자본가와 노동자는 이해관계가 다르기 때문에 서로 대립하면서 갈등을 일으킨다. 하지만 자본가는 노동자를 전제로 하며, 노동자는 자본가를 전제로 한다. 자본가는 노동자를 고용한 사람이며, 노동자는 자본가에게 임금을 받고 고용된 사람이다. 노동자 없는 자본가는 존재할 수 없으며, 자본가 없는 노동자는 존재할 수 없다. 이처럼 자본가 계급과 노동자 계급은 서로 대립하면서도 통일된 형태로 자본주의 사회를 구성하는데 이것이 곧 모순 관계다.

사회가 변화하고 발전하는 이유는 이러한 대립과 갈등, 즉 모순이 있기 때문이다. 만약 사회 내부에 대립과 갈등 없이 오직 조화와 안정만 있다면 사회는 항상 동일한 상태에 머물러 있을 것이다. 그러나 사회 속에는 대립과 갈등이 존재하며 이로 인해 사회는 변화를 겪는다. 예를 들어 사회 속에는 다양한 이해관계를 가진 집단들이 서로 대립하고 충돌하는데, 그 결과 기존의 사회관계나 질서가 무너지고 새로운 사회관계나 질서가 세워지기도 한다. 이처럼 사물 속에 들어 있는 서로 대립하는 힘, 즉 모순은 변화와 발전의 원동력이다.

양질 전화의 법칙: 사물은 어떻게 변화하고 운동하는가?

사물은 왜 운동하고 변화하는가? 앞에서 보았듯이 그 원인은 사물 속에 모순이 내재되어 있기 때문이다. 그렇다면 사물은 어떻게 운동하고 변화하는가? 이에 대해 변증법적 관점은 양적 변화가 축적되면 질적 변화가 일어난다고 본다. 이것을 흔히 '양질 전화量質轉化의 법칙'이라고 부른다. 어떤 사물의 내부에서 모순으로 인해 대립과 갈등이 점차 심화되면 그 결과 질적 변화가 일어난다. 누적된 양의 변화가 새로운 질의 변화를 불러일으키는 것이다.

예를 들어 액체 상태의 물이 수증기가 되는 과정을 살펴보자. 상온에 있는 물을 끓이면 물의 온도는 계속 올라간다. 물은 열을 흡수하여 온도가 상승하지만 여전히 액체 상태를 유지한다. 그러다가 물의 온도가 점차 상승하여 100도가 되면, 그 성질이 바뀌어 기체 상태의 수증기가 된다. 물은 100도가 될 때까지 자신의 성질을 유지하면서 단지 열의 증가라는 양적 변화만을 일으키고, 이렇게 양적 변화가 쌓이게 되면 100도라는 일정한 지점에서 수증기로 바뀌는 질적 변화가 일어난다. 양적 변화가 누적되어 어느 시점에 질적 변화가 일어나는 것이다. 질적 변화가 일어나는 지점을 헤겔은 '결절점'이라고 불렀다.

이런 모습은 사회의 변화 과정에서도 볼 수 있다. 사회적 모순으로 인해서 계급 간의 대립과 갈등이 심화되면 이것은 어느 순간에 혁명이라는 형태로 폭발한다. 18세기 프랑스에서는 봉건 귀족과 시민 계급의 갈등이 점차 심화되고 있었다. 봉건 귀족은

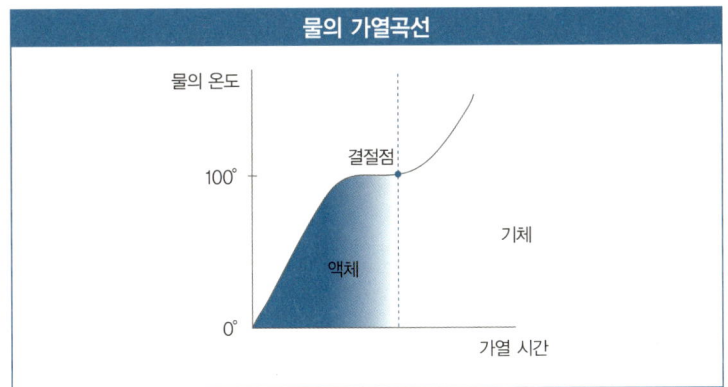

자신들이 누리고 있던 봉건적 특권을 계속 유지하려 했지만, 새로운 사회 세력으로 떠오르던 시민 계급은 이런 봉건적 특권을 폐지하고 자신들의 권리를 평등하게 보장받기를 원했다. 따라서 봉건 귀족과 시민 계급 사이에는 충돌과 갈등이 발생했고, 마침내 1789년 프랑스 혁명이 일어남으로써 근대 시민사회가 새롭게 형성되었다.

이처럼 하나의 사물이 다른 사물로 바뀌는 질적 변화는 양적 변화가 누적됨으로써 일어난다. 사물들은 자신의 성질을 유지하면서 양적 변화를 일으키는데, 이런 양적 변화가 누적되면 일정한 시점에 그 성질이 바뀌어 질적 변화가 일어난다. 그래서 대체로 양적 변화가 완만하고 점진적으로 이루어진다면, 질적 변화는 급격하고 혁명적인 방식으로 이루어진다.

하지만 질적 변화가 항상 양적 변화의 누적으로 일어나는 것은 아니라는 주장도 있다. 다음 사례를 살펴보자.

$$CO + O = CO_2$$

이 경우에 일산화탄소^{CO}에 산소^{O}가 하나 결합함으로써 이산화탄소^{CO_2}가 된다. 산소 원자의 누적된 양적 증가가 아니라 단지 산소 원자 하나의 양적 증가가 곧바로 질적 변화로 이어진다. 이처럼 양의 변화가 곧바로 질의 변화로 이어질 때도 있다.

또는 질적 변화가 항상 급격하고 혁명적인 방식으로 일어나는 것은 아니라는 주장도 있다. 점진적인 양적 변화가 점진적인 질적 변화를 일으킬 수 있다는 것이다. 예를 들면 사회 변화가 반드시 혁명이라는 급격한 방식을 통해서가 아니라 부분적인 제도의 개선 등을 통해서 점진적으로 이루어질 수 있다.

부정의 부정 법칙: 사물은 어떤 방향으로 운동하고 변화하는가?
변증법은 사물의 운동과 변화가 '부정의 부정' 과정을 거치면서 점차 발전, 진보한다고 본다. 이것을 흔히 '부정의 부정 법칙'이라고 한다. 세계는 부정의 부정이라는 과정을 거치면서 더 좋은 방향으로 나아간다. 낡은 것은 부정되어 사라지고 그 대신에 새로운 것이 출현하며, 이 새로운 것도 언젠가는 낡은 것이 되어 부정되면 또 다른 새로운 것이 출현한다. 이렇게 연속적인 부정의 과정을 거치면서 사물은 더 좋은 방향으로 발전한다.

부정의 부정 법칙은 '정반합'의 과정으로 설명되기도 한다. '정正'이란 어떤 주장이나 명제를 내세우는 것, 즉 '정립These'을 의미한다. '반反'이란 주장이나 명제에 대해 반대 주장이나 명제를 내세우는 것, 즉 '반정립Antithese'을 의미한다. 그리고 '합合'이란 대립된 두 주장 중에서 부정적인 측면을 제거하고 긍정적인 측면만을 수용하여 새로운 주장이나 명제를 내세우는 것, 즉 '종합Synthese'을 의미한다. '종합'의 결과로 형성된 새로운 주장은 기존의 주장보다 한 단계 더 고양된 것, 발전된 것이다. 따라서 이것은 '지양止揚, Aufhebung'의 과정이라고 할 수 있다. '지양'은 부정적인 것은 버리고 긍정적인 것은 보존한다는 의미를 담고 있다. 따라서 부정의 과정을 거친다고 해서 낡은 것을 완전히 부정하여 폐기하는 것이 아니라 그것의 긍정적 측면은 새로운 것 속에 보존하고 계승한다.

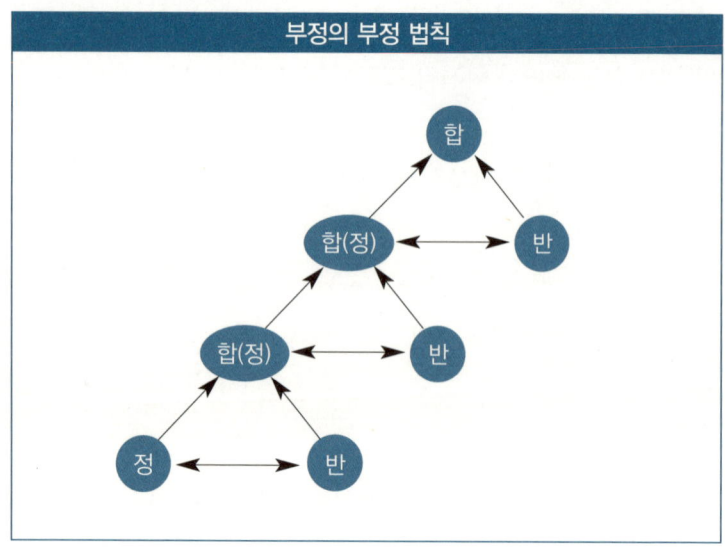

우리는 이런 변증법의 특성을 대화의 과정에서 볼 수 있다. '변증법 dialectic'이라는 개념의 어원은 '대화 dialogue'이다. 대화의 과정은 대립하는 입장을 지닌 두 사람이 자신들의 주장을 내세우면서 일정한 동의나 합의에 도달하려는 과정이다. 만약 두 사람이 완전히 똑같은 입장이라면 굳이 대화의 과정이 필요 없다. 대화는 서로 간에 입장 차이가 있기 때문에 필요한 것이다. 그리고 만약 서로의 입장 차이를 좁히려는 의도가 없다면 대화의 과정은 필요가 없다. 대화는 서로 간의 입장 차이를 좁혀서 동의나 합의에 도달하기 위해 필요한 것이다. 따라서 대화를 통해 도달한 합의 내용은 이전의 것보다 한 단계 상승한 것이다.

그렇지만 부정의 부정 과정이 반드시 발전이나 진보를 의미하지 않는다는 주장도 있다. 부정의 과정을 통해 만들어진 새로운 것이 과거의 것보다 더 좋다고 말할 수 없다는 것이다. 왜냐하면 새로운 것이 예전의 수준에 그치거나 오히려 퇴보할 수도 있기 때문이다. 부정의 과정을 거치면서 변화가 일어나지만 이것이 반드시 발전이나 진보를 의미한다고 볼 수는 없다. 예를 들면 진화의 과정에서 나중에 발생한 포유류가 먼저 발생한 원생동물에 비해 더 발전한 것, 더 진보한 것이라고 할 수 있을까? 포유류가 원생동물에 비해 조직이나 기관이 더 분화되어 복잡해진 것은 사실이지만 이것이 발전이나 진보를 의미하는 것은 아니다. 또한 포유류가 원생동물에 비해 환경 적응력이 더 뛰어난 것도 아니다. 어떤 원생동물은 환경 적응력이 뛰어나서 아주 오랜 기간 동안 자신의 종족을 보존하고 있다. 그리고 자연에서는 돌연변이에 의해 과거보다 더 열등한 개체가 태어나기도 한다.

  인류의 역사를 살펴보더라도 역사가 반드시 진보한다고 볼 수는 없다. 인류의 역사가 퇴보하거나 아니면 종말을 향해 나아간다는 견해도 있다. 헤겔은 인류의 역사를 자유의 확대 과정으로 보았지만 어떤 사람들은 오히려 개인의 자유가 축소되어간다고 본다. 또한 핵무기를 비롯한 대량 살상용 무기의 개발이나 심각한 환경오염은 인류를 종말의 위험으로 내몰고 있다고 보기도 한다. 근대의 많은 사상가들이 계몽주의적 진보사관을 믿고 있지만 이러한 진보사관은 그 근거가 약하다는 것이다.

  하지만 계몽주의적 전통을 계승한 헤겔은 역사가 변증법적인 발전 과정을 거쳐 진보한다고 보았다. 헤겔은 역사를 절대정신(이성)의 자기 전개 과정으로 보면서 이를 통해 역사가 점차 이성적인 방향으로 진보한다고 주장했다. 역사는 이성이 자신의 힘을 발휘하여 현실을 점차 이성적인 방향으로 나아가도록 만드는 과정이다. 역사에는 일정한 발전 법칙이 존재하며, 역사는 이성적인 방향으로 진보하고 있고, 역사의 진보를 이끄는 힘은 이성이라는 정신적 힘이다. 이처럼 헤겔은 역사를 법칙주의, 진보주의, 이성주의의 관점에서 이해했다. 헤겔은 칸트와 마찬가지로 근대 계몽주의의 관점에서 역사를 이해했던 것이다. 특히 역사를 파악할 때 이성이라는 정신의 힘에 의한 변증법적 전개 과정을 강조했다. 이성은 자신의 힘이 드러난 현실을 끊임없이 비판하고 부정하면서 현실을 더 높은 이성적 단계로 고양시킨다. 역사란 이성이라는 정신적 힘이 변증법적인 자기 전개를 해나가는 과정이다. 헤겔의 계몽주의적 역사관, 특히 변증법적 관점은 마르크스의 역사관에 커다란 영향을 끼쳤다.

헤겔주의의 탄생

거대한 체계를 갖춘 헤겔 사상은 철학을 비롯한 다양한 학문 분야에 커다란 발자취를 남기면서 '헤겔주의 Hegelianism'라는 지적 전통을 탄생시켰다. 모든 사물은 끊임없는 변화의 과정에 있으며 상호 연관되어 있다는 관점에서 세계를 인식하는 철학적 태도가 주요한 지적 흐름으로 자리를 잡았다. 헤겔 철학으로부터 많은 영향을 받은 사상 중의 하나는 마르크스주의다. 마르크스와 엥겔스[Friedrich Engels, 1820~1895]는 헤겔 철학을 비판적으로 수용했다. 그들은 헤겔 철학의 내용 체계보다는 변증법적 방법에 더 많은 관심을 갖고 그것을 적극적으로 받아들였다. 마르크스는 헤겔이 당시의 프로이센을 이성적인 계몽주의 국가라고 찬양한 것을 비판하면서 헤겔 철학의 내용이 기존 현실을 옹호하는 보수주의로 기울었다고 보았다. 반면에 헤겔 철학의 방법, 즉 변증법은 기존 현실을 비판하고 부정한다는 점에서 진보적·혁명적 성향을 지니므로 변증법을 철학의 방법으로 적극 수용해야 한다고 보았다. 그래서 마르크스는 헤겔의 관념론을 비판하고 그 대신에 유물론을 주장하면서, 여기에 헤겔의 변증법을 결합하여 '변증법적 유물론'을 체계화했다. 이러한 마르크스의 이론적 작업은 역사성과 총체성을 특징으로 하는 변증법이 진보적·혁명적 성향을 띤다는 점을 각인시키는 계기가 되었다.

헤겔 철학은 프랑크푸르트학파*의 일원인 마르쿠제 Herbert Marcuse, 1898~1979 같은 사상가에 의해서도 적극 수용되었다. 마르쿠제는 헤겔 철학의 핵심이 변증법적 사고, 즉 이성의 비판적·부정적 정신에 있다고 주장했다. 그는 변증법의 비판적·부정적 사고가 그 당시 널리 확산되었던 실증주의와 대립한다고 생각했다. 실증주의가 기존 현실을 긍정하는 철학이라면, 헤겔의 변증법적 사고는 기존 현실을 비판하고 부정하는 철학이라는 것이다. 또한 그는 헤겔 철학이 나치즘이나 파시즘과 같은 전체주의와는 거리가 멀다고 주장했다. 헤겔 철학은 개별성보다는 전체성을 강조함으로써 전체주의적 국가를 옹호한다는 해석도 있지만 그는

:: 엥겔스

독일의 사회주의자. 마르크스와 공동 집필한 《독일 이데올로기》에서 유물론적 역사관을 제시하여 마르크스주의의 철학적 기초를 확립했으며, 공산주의의 연대와 결집을 목표로 공산주의자 동맹을 창설했다. 또한 마르크스의 이론적·실천적 활동을 경제적으로 지원하기도 했다.

이런 해석이 옳지 않다고 보았다. 헤겔은 사회 형태가 가족, 시민 사회, 국가로 발전한다고 보았는데, 이때 국가는 전체주의적 국가를 의미하는 것이 아니다. 그가 말하는 국가는 가족과 시민사회를 지양한 형태로서 개별성과 공동체성을 통합한다. 따라서 여기서는 개인의 자유와 자율성이 보장된다. 헤겔은 계몽주의의 이성주의적 전통을 계승하고 있기 때문에 시민 혁명의 성과물인 개인의 권리와 자유를 인정하고 있지만 전체주의 국가는 시민들의 기본 권리와 자유를 억압하고 있다는 것이다.

이처럼 마르쿠제는 헤겔 철학이 계몽주의의 이성주의적 전통과 변증법의 비판적·부정적 정신을 기반으로 삼고 있기 때문에 나치즘과 같은 전체주의와는 대립한다고 보았다.

근래에 헤겔 철학은 찰스 테일러 Charles Taylor, 1931~ 같은 공동체주

:: 프랑크푸르트학파

1920년대 독일에서 창설된 '프랑크푸르트 사회연구소'에서 활동했던 학자들과 그들의 학문적 경향을 가리킨다. 대표적인 학자로는 호르크하이머(Max Horkheimer, 1895~ 1973), 아도르노(Theodor Adorno, 1903~ 1969), 마르쿠제, 베냐민(Walter Benjamin, 1892~1940), 프롬(Erich Fromm, 1900~1980), 하버마스(Jürgen Habermas, 1929~) 등이 있다. 이들은 마르크스주의의 기본 관점을 바탕으로 베버의 합리화 이론, 프로이트의 심리학, 현대 언어학 이론 등을 수용하여 권위주의, 관료제, 효율성, 문화 산업, 과학주의 같은 현대 사회의 여러 현상과 문제들을 분석하고 비판했다. 이들의 사상을 가리켜 '비판이론'이라고 부르기도 한다.

의자에 의해서도 적극 수용되고 있다. 개인의 삶의 방식과 공동체의 가치가 충돌할 때 어떻게 대응해야 하는지를 둘러싸고 1980년대 이후 자유주의와 공동체주의는 많은 논쟁을 벌여왔다. 자유주의자는 공동체적 가치보다는 자유로운 개인의 권리와 자율성을 강조하는 반면에, 공동체주의자는 사회적 책임과 연대성(공동체성)을 중시한다. 롤스[John Rawls, 1921~2002], 노직[Robert Nozick, 1938~2002], 하이에크[Friedrich Hayek, 1899~1992] 같은 자유주의자들이 대체로 로크[John Locke, 1632~1704], 칸트, 밀[John Stuart Mill, 1806~1873]을 자신들의 지적 전통으로 여기는 반면에, 테일러를 비롯하여 매킨타이어[Alasdair MacIntyre, 1929~], 샌델[Michael Sandel, 1952~], 왈처[Michael Walzer, 1935~] 같은 공동체주의자들은 대체로 아리스토텔레스와 헤겔을 자신들의 지적 전통으로 여긴다(자유주의와 공동체주의의 논쟁에 관한 자세한 사항은 지식인마을 23권《정의로운 삶의 조건: 롤스 & 매킨타이어》를 참조하라). 테일러는 헤겔의 사상을 계승하여 헤겔이 개인의 삶을 고립적인 것으로 이해하지 않고 사회적, 역사적 맥락 속에서 총체적으로 이해했다고 주장했다. 시민사회에서는 재산권과 같은 개인의 권리만이 중시된다면, 국가 단계에서는 그것을 넘어 사회 구성원으로서 지녀야 할 사회적 책임이나 공동체성도 함께 중시되기 때문이다.

헤겔은 노동을 단지 생계유지의 수단이나 사적 소유권의 확보가 아닌, 자기의식을 확보하여 자아 정체성을 확립하는 계기로 간주했다. 이러한 노동 개념은 나중에 마르크스 같은 사회주의 이론가들에게 계승되어 노동이 자아실현의 활동으로 평가되는 이론적 바탕이 되었다. 헤겔은 타인으로부터 하나의 인격체로 인정받는 것이 인간의 삶에서는 매우 중요하다는 점을 지적하면서 인정 투쟁의 관점에서 인간의 사회적 삶을 이해하기도 했다. 이런 인정 투쟁 이론은 최근에 프랜시스 후쿠야마$^{Francis\ Fukuyama,\ 1952~}$, 악셀 호네트$^{Axel\ Honneth,\ 1949~}$ 같은 학자들에 의해 계승되어 새로운 사회 이론으로 주목을 받고 있다.

이처럼 헤겔 철학의 특징인 변증법과 이성주의, 그리고 국가, 노동, 인정 투쟁 등의 개념은 마르크스주의자, 프랑크푸르트학파, 공동체주의자를 비롯하여 수많은 사상가들에게 커다란 영향을 주었다. 그의 방대한 사상은 철학, 법, 예술과 같은 다양한 학문 분야의 사상가들에게도 많은 영향을 주었으며, 이런 과정을 통해 헤겔주의는 근·현대의 주요 철학 사상으로 굳건한 자리를 확보했다.

지금까지 헤겔의 삶과 변증법, 그리고 그의 사상이 헤겔주의라는 이름으로 후대에 미친 영향까지 살펴보았다. 이제 헤겔에게 사회 및 역사철학과 관련된 10가지 질문을 던지고 이에 대한 답변을 통해 그의 사회 및 역사철학에 대한 생각을 알아보자.

역사는 절대정신의 자기전개 과정이다
사회와 역사에 대한 10가지 질문과 헤겔의 답변

|질문 1| **역사 연구의 바람직한 태도란 어떤 것인가요?**

|헤겔| 역사를 연구하는 태도에는 세 가지가 있습니다. 첫째는 자신의 눈앞에서 일어난 사건을 그대로 서술하는 방식입니다. 역사가는 주변에서 쉽게 볼 수 있는 생생한 것들을 자료로 삼아 역사를 서술합니다. 혹은 조금이라도 자신이 참여하거나 체험한 일을 서술하기도 합니다. 따라서 짧은 기간을 대상으로 하며, 개인적인 형태를 취하게 됩니다. 거기에는 아직 이성적인 반성이 가해지지 않습니다. 이것을 '근원적 역사' 또는 '자료적 역사'라고 합니다. 둘째는 한 개인의 체험과 관련된 특정 시대를 넘어서서 반성을 통해 자료를 해석하는 태도입니다. 한 민족이나 국가의 역사를 전체적으로 서술하기 위해 자신의 관점에서 자료를 가공하며, 역사로부터 도덕적 교훈을 얻기 위해 역사책을 편찬하고, 기존의 역사서를 비판하면서 그것의 확실성과 진리성에 관심을 갖습니다. 이것을 '반성적 역사'라고 합니다. 셋째는 역사적 사건의 배후에 존재하면서 역사를 이끌어온 정신, 이념에 대해 연구하는 태도입니다. 민족과 세계의 진정한 지도자는 정신이나 이념이기 때문에 이것을 파악하는 것이 중요합니다. 또한 역사에 대해 사변적·철학적 태도를 갖는 것도 중요합니다. 이것은 역사를 하나의 재료로 다루면서 사신의 사상에 따라 역사를 구성하는 것입니다. 이것을 '철학적 역사' 또는 '역사철학'이라고 합니다.

이 중에서 세 번째 태도가 가장 바람직하다고 볼 수 있습니다. 자료를 바탕으로 경험적으로 역사를 연구하는 태도도 중요하지만 그것만으로는 역사를 제대로 파악할 수 없습니다. 역사 연구가 주어진 자료나 사실에만 국한된다면 역사의 배후에 존재하면서 역사를 이끌어온 정신이나 이념을 포착할 수 없습니다. 또한 역사가가 아무리 주어진 자료에만 전념한다고 할지라도 거기에는 일정한 정신이나 이념이 개입할 수밖에 없습니다. 역사가는 특정한 사고의 범주나 틀을 통해 자료를 해석하고 역사를 고찰합니다. 따라서 학문적으로 역사를 연구할 때는 이성을 활용하여 사변적·성찰적 태도를 지녀야 합니다. 세계를 이성적으로 보는 역사학자에게 세계 역시 이성적인 모습으로 나타납니다. 세계와 역사학자는 서로에게 영향을 주는 상호 규정의 관계에 있습니다. 따라서 역사철학 연구자는 자신의 사변적 능력을 활용하여 역사 속에 내재되어 있는 이성의 힘을 파악해야 합니다.

'미네르바의 올빼미는 황혼녘이 되어서야 비로소 날기 시작한다.' 여기에서 미네르바^{Minerva}는 지혜의 여신으로 철학을 상징합니다. 올빼미가 하루 일과가 끝날 무렵인 저녁에 하늘 높이 떠올라 오늘 무슨 일이 벌어졌는지를 둘러보듯이, 철학도 역사가 전개된 다음에 그동안 무슨 일이 벌어졌는지를 이성적·개념적으로 파악할 수 있습니다. 역사철학은 역사를 되돌아보면서 거기에 내재되어 있는 이성의 힘과 원리를 파악하려고 합니다. 즉, 역사를 배후에서 이끌어온 정신과 이념을 포착하려고 노력하는 것입니다.

|질문 2| **역사의 존재 원리는 무엇입니까?**

|헤겔| 역사는 변증법적으로 운동하고 변화합니다. 세계를 구성하고 있는 요소들은 서로 긴밀하게 연관되어 있으며, 세계는 모순, 즉 대립과 갈등으로 인해 끊임없이 운동하고 변화하면서 더 좋은 방향으로 발전합니다. 사회와 자연, 사고를 포함하여 세계 전체가 변증법적으로 운동하는 것입니다. 변증법은 인간 사고의 인식 원리이자, 사회와 자연의 존재 원리입니다.

변증법은 인식의 원리입니다. 우리는 대상을 인식할 때 변증법의 과정을 거칩니다. 대상을 한꺼번에 모두 인식하는 것이 아니라 일정한 과정을 거치면서 단계적으로 인식합니다. 대상에 대한 인식 또는 지식은 낮은 단계에서 출발하여 높은 단계로 상승하면서 이루어집니다. 낮은 인식 단계인 감각에서부터 지각, 지성, 자기의식의 단계를 거쳐서 이성이라는 높은 인식 단계로 발전합니다.

또한 변증법은 존재의 원리입니다. 사회는 불완전한 형태로 출현하였지만 변증법적인 운동과 변화의 과정을 거쳐 점차 그 문제점들을 해결해나가면서 완전한 형태를 갖추어나갑니다. 사회는 그 자체의 모순, 즉 대립과 갈등 때문에 끊임없이 과거의 낡은 것들을 부정하면서 새로운 단계로 고양됩니다. 인류의 역사는 항상 발전과 진보의 과정에 있습니다. 이렇게 인류의 역사는 모순과 부정의 과정을 통해 끊임없이 변화, 발전한다는 점에서 변증법적 운동을 하고 있는 것입니다.

|질문 3| **역사에는 발전 법칙이 존재하나요?**

|헤겔| 역사는 이성적인 방향으로 나아가고 있습니다. 이성이 세계를 지배하고 있으며, 따라서 세계사 역시 이성적으로 진행되고 있습니다. 우리는 세계사를 고찰할 때 그 속에 이성이 존재한다는 신념을 가져야 합니다. 세계사는 우연적으로 진행되는 것이 아니며 그 배후에는 일정한 법칙과 규칙이 작동합니다. 인류의 역사를 전체적으로 깊이 있게 고찰해보면, 우리는 그것이 이성적으로 진행되고 있다는 것을 분명히 알 수 있습니다. 세계사는 절대정신이 자신의 이성적 능력을 드러내는 필연적 경로이며, 따라서 이성적인 방향으로 전진합니다.

|질문 4| **역사 발전의 원동력은 무엇입니까?**

|헤겔| 역사 발전의 원동력은 이성입니다. 역사는 절대정신의 자기 전개 과정입니다. 즉, 역사는 절대정신 또는 이성이 힘을 발휘하여 자신의 모습을 점진적으로 현실 속에 드러내는 과정입니다. 현실 속에서 우리가 이성적이라고 생각했던 것도 시간이 흐르면 비이성적이거나 불완전한 측면을 드러내어 비판과 부정의 대상이 됩니다. 현실은 완전하고 절대적인 것이 아니라 대립과 갈등을 안고 있는 불완전한 것입니다. 때문에 이 모순을 해소하기 위해 기존의 현실을 부정하고 새로운 이성적인 것을 만들어갑니다. 그렇지만 이것도 완전한 것이 아니기 때문에 머지않아 비판과 부정의 대상이 되며, 그 결과 더 이성적인 새로운 것이 출현합니다.

이때 현실의 변화를 이끄는 힘, 즉 현실을 더 이성적인 방향으로 나아가게 하는 힘이 바로 절대정신입니다. 이성은 자신의 힘이 표출된 현실의 모습을 보면서 스스로 그 문제점을 자각하고 이를 고쳐나갑니다. 스스로의 힘으로 자기 전개, 자기 발전을 하는 것입니다. 이처럼 현실의 변화와 발전의 배후에는 이성의 힘이 자리 잡고 있습니다. 따라서 사회와 역사를 변화시키고 발전시키는 원동력은 이성이라고 할 수 있습니다.

|질문 5| 현실은 이성적입니까?

|헤겔| 이성적인 것은 현실적이며, 현실적인 것은 이성적입니다. 이성은 역사를 통해 끊임없이 자신의 힘을 표출하여 현실 속에 자신의 이념을 실현하려고 합니다. 즉, 이성은 정신적인 상태 그 자체에 머무르지 않고 현실 속에 자신의 힘을 표출하여 현실을 이성적인 상태로 만들려고 합니다. 따라서 이성적인 것은 현실적인 것이 됩니다. 그리고 현실은 이미 그 속에 이성의 힘이 표출되어 있기 때문에 이성적이라고 할 수 있습니다. 현실은 우연히 형성된 것이 아니라 이성의 작용에 의해 형성된 것이기 때문에 그 속에 이성적인 측면을 내포하고 있습니다. 따라서 현실은 이성적이라고 할 수 있습니다. 이처럼 이성은 현실적인 것이 되고, 현실은 이성적인 것이 됩니다. 그렇지만 현실이 이성적이라고 해서 완결된 형태의 이성적인 것은 아닙니다. 그것은 이성적인 방향으로 발전해가는 과정에 있는 것이므로 일정한 한계를 지닌 불완전한 것입니다. 기존의 현실은 이전

단계에 비해 이성적이지만 더 높은 단계에서 보면 비이성적인 측면을 지닌 불완전한 것입니다. 따라서 현실은 끊임없는 비판과 부정에 의해 지양되어야 하며, 더 이성적인 단계로 고양되어야 합니다.

|질문 6| **역사에서 영웅의 역할은 무엇입니까?**
|헤겔| 역사적 영웅은 시대의 요구와 추세를 통찰하여 그것을 실천에 옮김으로써 세계정신을 현실화하는 데 기여하는 인물입니다. 다시 말해 역사가 이성적인 방향으로 나아가도록 하는 데 기여하는 사람입니다.
역사적 인물 또는 세계사적 인물이란 보편(세계정신)을 그의 목적 안에 간직하는 사람을 가리킵니다. 예를 들면 카이사르 Julius Caesar, BC 100~44가 이와 같은 세계사적 인물에 속합니다. 그가 살았던 시기에 로마 제국에서는 부패한 귀족들이 원로원을 비롯한 국가 권력을 장악해 국민을 탄압했으며, 서로 간에 권력을 차지하기 위해 치열한 싸움을 벌였습니다. 카이사르는 단지 자신의 지위와 명예, 안전을 확보하기 위해 그들과 싸웠지만, 카이사르의 승리는 바로 제국 전체의 정복을 의미했습니다. 전쟁에 승리한 카이사르는 로마 제국의 독재자가 되었습니다. 그것은 개인적 차원에서는 자신의 목적을 달성하는 것에 지나지 않았지만, 세계사적 차원에서는 부패한 귀족 계급을 타도함으로써 로마 제국의 힘을 강화하는 계기가 되었습니다. 결국 카이사르는 다른 민족의 위협으로부터 로마를 지켜냈으며 로마 문명이 수백 년 동안 유지되고 발전하는 데 크게 기여했습니다. 이

런 의미에서 카이사르의 독재는 단지 한 개인의 이익 추구 행동에 그치지 않고, 시대의 요구를 반영한 시대적·역사적 행동이었습니다. 따라서 카이사르의 행동은 세계정신(이성)을 실현하는 행동이라고 할 수 있습니다.

그렇지만 역사적 영웅들이 보편적 이념이나 세계정신을 의식하고 있었던 것은 아닙니다. 그들은 철학사가 아니라 실천가이자 정치가였습니다. 그럼에도 불구하고 세계사의 다음 발전 단계를 위한 시대의 요구와 추세를 통찰하고 있습니다. 다시 말해 영웅은 세계사가 전개될 필연적인 다음 단계를 인식하고 그것을 자신의 목표로 삼아 전력을 다해 행동합니다. 따라서 세계사적 인물이나 시대의 영웅은 통찰력을 가진 사람이며, 그들의 행동과 말은 그 시대에서 가장 뛰어났다고 보아야 합니다.

이처럼 세계사적 인물이나 시대적 영웅의 배후에는 세계정신이 자리 잡고 있습니다. 보편적 이념으로서 세계정신은 세계사적 인물이나 시대적 영웅을 배후에서 조종하여 자신의 목적을 달성하고자 합니다. 이렇게 이성이 술수를 부리는 것을 '이성의 계략^{List der Vernunft}'이라고 부릅니다. 시대의 흐름을 통찰했던 세계사적 인물이나 시대적 영웅 같은 뛰어난 개인들은 개인적 차원에서는 자신의 목적을 달성하려고 분투했지만, 세계사적 차원에서는 세계정신의 의도에 따라 보편적 이념을 실현하기 위해 분투했다고 볼 수 있습니다.

|질문 7| 역사적 영웅의 삶을 어떻게 평가해야 할까요?

|헤겔| 역사적 영웅들의 개인적 삶은 결코 행복한 것이 아니었습니다. 그들은 평안한 생활을 즐기는 데 안주하지 않았으며, 그들의 삶은 정열적이었지만 악전고투의 연속이었습니다. 하지만 자신들의 목적을 달성했을 때 열매의 알맹이가 빠진 껍질처럼 시들어 떨어졌습니다. 알렉산드로스^{Alexandros, BC 365~323}처럼 요절하고, 카이사르처럼 살해되고, 나폴레옹^{Napoléon Bonaparte, 1769~1821}처럼 세인트 헬레나에 유배되기도 합니다. 따라서 역사적 인물을 평가할 때는 그 개인이

행복한 삶을 살았느냐가 아니라, 그 개인이 어떤 관심과 목적을 갖고 있으며 그것을 실현하기 위해 얼마나 많은 정열을 쏟았느냐를 평가의 기준으로 삼아야 합니다. 역사적 인물들이 위대한 것은 그들이 공상적인 것이 아닌, 정당하고 필연적인 것을 삶의 목표로 삼았기 때문입니다.

심리학자들은 역사적 인물의 개인적 성격을 관찰하는 데 관심을 기울입니다. 그들은 질투심이나 정복욕 같은 개인의 심리에 의거하여 역사적 인물의 행동을 설명합니다. 알렉산드로스가 그리스와 아시아를 정복한 것은 그가 강렬한 정복욕에 사로잡혀 있었기 때문이라는 것입니다. 그래서 질투심이나 명예욕, 정복욕에 사로잡힌 역사적 인물을 비도덕적 인간이라고 평가합니다.

그러나 이렇게 심리학적 고찰을 통해 역사적 인물을 평가하는 것은 옳지 않습니다. 영웅도 인간인 이상 당연히 먹기도 하고, 마시기도 하고, 친구와 교제하기도 하고, 때로는 감동도 하고, 격앙하기도 합니다. "시종의 눈에 영웅은 없다"라는 유명한 격언이 있습니다. 그렇지만 나는 이것에 다음 말을 덧붙이고자 합니다. "그것은 그 영웅이 진짜 영웅이 아니어서가 아니라, 그 시종이 시종에 불과하기 때문이다." 시종은 영웅의 장화를 벗겨주기도 하고, 그의 잠자리를 돌봐주기도 하며, 샴페인을 마시는 것을 도와주기도 합니다. 만약 이런 시종의 눈으로 영웅을 본다면 영웅은 일반인과 같은 평범한 사람에 불과합니다. 역사적 영웅은 일상생활에서 이것저것을 따지지 않고 오직 자신의 목적을 향해 돌진합니다. 그래서 다른 중요한 것을 간과하거나 신성한 것을 무시하는 경우도 있습니다. 물론 이런 태도는 도덕적 비난을 받아 마땅합니다. 그러나 위대한 영웅이 자신의 목표를 달성하기 위해 전진하는 길에서 죄 없는 꽃을 짓밟고 많은 것을 파괴하는 것은 불가피합니다.

|질문 8| 사회는 어떤 단계를 거쳐 발전하나요?
|헤겔| 다른 모든 사물과 마찬가지로 사회도 변증법적인 발전 과정을 거칩니다. 사회는 '가족'에서 출발하여 '시민사회'의 단계를 거쳐 '국가'의 형태로 발전합니다.

우선 사회는 '법'의 지배를 받습니다. 법은 외면적이고 강제적인 방식으로 개인들을 직접적으로 통제함으로써 사회 질서를 유지합니다. 법의 단계를 지나면서 사회는 '도덕'이 지배하는 단계로 발전합니다. 도덕은 내면적이고 자율적인 방식으로 개인들을 규제함으로써 사회 질서를 유지합니다. 도덕은 법과 다르게 내면적인 반성이 이루어진 단계입니다. 도덕의 단계 이후에는 법과 도덕이 종합된 '인륜'의 단계로 발전합니다. 인륜은 내면적인 자율성에 의해 반성이 이루어진 의지일 뿐만 아니라 현실 속에서 구체적인 형태로 실현된 의지입니다. 이처럼 이성의 힘은 사회의 발전 과정을 배후에서 조종하여 사회가 법과 도덕의 단계를 거쳐 인륜의 단계로 나아가도록 이끕니다.

이러한 '인륜'의 이념이 사회 속에서 구체적으로 실현된 최초의 형태는 '가족'입니다. 가족은 사랑이라는 감정을 매개로 결합된 공동체입니다. 거기서 개인의 인격이나 개체성은 인정되지 않으며 개인은 단지 공동체의 구성원으로서만 존재합니다. 가족은 개별성이 인정되지 않은 미분화된 공동체입니다. 따라서 가족은 전통 사회, 즉 전근대적 공동체 사회라고 할 수 있습니다.

다음으로 인륜의 이념은 '시민사회' 형태로 드러납니다. 시민사회는 개별화된 개인들의 욕구 체계입니다. 시민사회에서는 개인들이 공동체의 구속으로부터 해방되어 개체화되며 개인의 인격이 보장됩니다. 개인은 각자 자신의 욕구를 충족시키기 위해 개별적으로 행동하는데, 이런 욕구들이 서로 얽혀 있는 것이 바로 시민사회입니다. 여기서는 개인의 자유, 특히 재산을 자유롭게 소유할 수 있는 재산권이 인정됩니다. 욕구의 체계로서 시민사회에서는 재산권의 자유가 보장되기 때문에 개인들은 이를 통해 자신의 욕망을 충족시킵니다. 따라서 시민사회는 근대 자본주의 사회라고 할 수 있습니다.

다음으로 인륜의 이념은 '국가'의 형태로 드러납니다. 국가는 가족과 시민사회를 변증법적으로 지양하여 종합한 단계입니다. 국가는 가족의 공동체성과 시민사회의 개별성을 통합하고 있습니다. 가족 단계에서는 개인의 개별성과 자유가 인정되지 않았으며, 시민사회 단계에서는 지나친 개인화로 인해 공동체성이 무너졌는데, 국가 단계에서는 개인의 자유가 보장될 뿐만 아니라 사회의 공동체성도 유지됩니다.

국가에서는 보편성과 개별성이 조화를 이룹니다. 국가는 인륜의 이념이 최고의 형태로 실현된 고차적 단계입니다. 따라서 국가는 전근대적인 공동체 사회와 근대 자본주의 사회를 지양하여 변증법적으로 종합한 단계라고 할 수 있습니다.

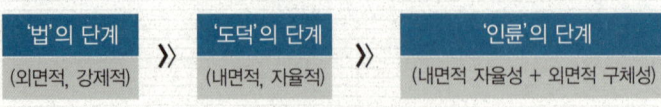

사회의 발전 단계

|질문 9| 사회의 발전 과정에서 노동은 어떤 역할을 하나요?
|헤겔| 인간은 대상을 가공하는 활동인 노동을 통해 자기를 확인하고 나아가 자신의 능력을 배양함으로써 사회 발전에 기여합니다.

이러한 노동의 역할은 주인과 노예의 변증법적 관계에서 잘 드러납니다. 인간의 자기의식 또는 자아 정체성은 자기 혼자만의 고립된 상태가 아닌 다른 사람과의 상호관계 속에서 형성되며, 다른 사람으로부터 인정을 받음으로써 형성됩니다. 따라서 사람들은 자기의식을 확립하기 위해 다른 사람으로부터 인정을 받기 위한 인정 투쟁을 벌이게 됩니다. 사람들은 생사를 건 투쟁을 통해 다른 사람으로부터 인정을 받으려고 합니다. 이 과정에서 자신의 생명 보존에 집착하는 사람은 인격체로서의 자유를 포기하고 대신에 생명을 선택하는데, 이런 사람은 노예가 됩니다. 반면에 자신의 생명을 포기하면서까지 인격체로서의 자유를 확보하려는 사람은 주인의 자리를 차지합니다. 이로써 주인과 노예의 관계가 형성됩니다.

노예는 주인에게 종속되어 노동과 봉사를 하며, 주인은 노예로부터 봉사를 받으면서 그 대가로 노예의 생명을 보호해줍니다. 그러나 주인은 노동을 하지 않기 때문에 사물(자연)과 직접적인 관계를 맺지 않으며, 단지 노예가 제공한 사물을 향유하고 소비할 따름입니다. 주인은 자신의 삶을 유지하기 위해 노예의 노동에 의존해야 하기 때문에 주인의 자립성은 점차 약해지고 노예에 대한 의존성이 심화됩니다.

반면에 노예는 생산 활동에 종사하기 때문에 사물과 직접적인 관계를 맺습니다. 노예는 대상을 가공하는 활동인 노동을 통해서 자신의 힘을 발견합니다. 자신의 힘이 표출된 대상을 보면서 자신의 힘을 확인하고 그것을 지속적으로 개발합니다. 노예는 노동을 통해 자신이 누구인지를 인식하고 자아 정체성을 확립합니다. 주인에게 종속적이었던 노예는 노동을 통해 자립적인 존재로 변신합니다.

이러한 과정을 거치면서 주인과 노예의 관계가 역전되는 것입니다. 이렇게 주인과 노예의 관계가 새롭게 바뀌는 과정을 가리켜 '주인과 노예의 변증법'이라고 하는데, 여기서 결정적인 역할을 하는 것이 바로 노동입니다. 노동은 자기의식 또는 자아 정체성을 확보하는 계기이며, 이를 통해 개인과 사회는 한 단계 높은 단계로 발전합니다.

|질문 10| 세계사는 어떤 방향으로 발전하나요?

|헤겔| 세계사는 자유 정신의 발전 과정이자, 자유가 확대되어 구체적으로 실현되는 과정입니다.

자연 세계의 태양이 동쪽에서 떠올라 서쪽으로 지듯이 세계사 역시

동방에서 서방으로 진행합니다. 하지만 자기의식이라는 내적 태양은 서방에서 출현하여 훨씬 밝은 빛을 동방에 비춥니다. 동양에서는 단지 한 사람만이 자유로웠으며, 지금도 여전히 그렇습니다. 반면에 고대 그리스와 로마에서는 약간의 사람이 자유로웠으며, 게르만 세계에서는 모든 사람이 자유롭습니다. 따라서 우리들이 세계사에서 보는 첫 번째 정치 형태는 전제정이고, 두 번째 형태는 민주정과 귀족정이며, 세 번째 형태는 군주정입니다.

세계사의 출발지는 동양이지만 동양의 역사는 유년기에 해당합니다. 여기서는 신앙, 신뢰, 복종의 관계가 지배합니다. 개인들은 하나의 중심, 즉 지배자를 따라 움직입니다. 물론 그 지배자는 족장으로 개인들보다 높은 자리에 있으며 자신만이 자유를 누립니다. 그리스는 청년기에 비유할 수 있습니다. 이 단계에서 비로소 개성이 나타납니다. 시민들은 공동체 속에서 자유롭게 욕구를 갖고 자신의 삶을 살아갈 수 있습니다. 여기서는 공동체성과 개인의 의지가 통일되어 있습니다. 로마 제국은 성년기에 해당됩니다. 성년이 된 어른들은 주인의 뜻에 맹목적으로 복종하지 않을 뿐만 아니라, 자기만의 세계에 탐닉하지도 않습니다. 이들은 오히려 보편적인 목적에 봉사합니다. 게르만은 노년기에 해당됩니다. 자연적인 노년기는 노쇠를 의미하지만, 정신의 노년기는 완전한 성숙을 의미합니다. 게르만은 기독교의 화해를 표어로 삼고 있기 때문에, 여기서 자유 개념은 자신의 진리를 완전히 실현할 기회를 갖습니다. 이러한 자유의 실현이야말로 세계사의 궁극적 목표입니다.

만남 4

자본주의의 비판자, 마르크스

　이제 헤겔의 사상을 비판적으로 계승하여 역사철학을 새로운 관점에서 체계화시킨 마르크스를 만나보자. "지금까지 철학자들은 세계를 다양하게 해석해왔지만 중요한 것은 세계를 변혁하는 것이다"라는 자신의 말처럼 마르크스는 세상을 변혁하기 위해 사상가이자 실천가로서 열정적인 삶을 살았다.

　사상은 그 시대의 정신일 수밖에 없듯이, 마르크스의 사상도 19세기 독일 사회의 시대 상황과 문제의식을 바탕으로 형성되었다. 칸트와 헤겔이 살았던 시대와 마찬가지로 마르크스가 본격적으로 활동하기 시작했던 19세기 중반의 독일 사회도 여전히 낡은 봉건적 잔재를 청산하지 못한 상태였다. 영국이나 프랑스는 시민혁명을 통해 근대 시민사회를 건설했지만 그렇지 못했던 독일은 여전히 낡은 봉건 체제의 지배를 받고 있었다. 그래서 마르크스도 젊은 시절에는 칸트와 헤겔처럼 계몽주의적 전통을 계승하여 자유와 평등이 보장되는 이성적 시민사회의 건설을 추구했다.

그러나 마르크스는 독일의 시민 계급이 낡은 봉건 체제와 타협하여 혁명 의식을 상실한 모습을 보고 그들에게 더 이상 시민혁명을 기대하지 않았다. 대신에 그는 독일의 낡은 질서를 타파할 새로운 세력을 발견했는데 그것이 바로 프롤레타리아트Proletariat, 즉 노동자 계급이었다. 19세기 독일에서는 산업화가 본격화되면서 자본주의 경제 형태가 확산되었고 이에 따라 노동자 계급이 증가하기 시작했다. 마르크스는 바로 그 계급의 혁명성에 주목했던 것이다. 토지나 공장 등의 생산수단을 갖고 있지 않은 노동자들은 열악한 노동 환경에서 적은 임금을 받으면서 장시간 노동을 하는 비참한 생활을 하고 있었다. 마르크스는 모든 사회적 모순이 이들에게 집중되어 있기 때문에 노동자 계급이 해방되면 모든 인간이 해방될 수 있다고 보았다. 그래서 그는 독일 해방을 위한 혁명의 주체로 노동자 계급을 상정하고 적극적으로 사회주의 혁명에 뛰어들었다. 계몽주의적 전통을 이어받은 마르크스가 급진적 민주주의자에서 혁명적 사회주의자로 바뀐 것이다.

새롭게 전개되는 시대적 상황 속에서 그는 칸트, 헤겔로부터 이어지는 독일의 계몽주의 사상을 비판적으로 계승하고 변증법적 유물론과 사회주의 사상을 결합하여 '역사적 유물론'이라는 독자적인 역사철학 이론을 전개한다. 그의 역사철학을 검토하기에 앞서 다음의 질문과 함께 그의 생애와 사상을 살펴보자.

> **다음 중 마르크스의 삶에 대한 설명으로 옳지 않은 것은?**
> ① 네 살 연상의 예니와 사랑에 빠졌지만 주변의 반대로 8년이 지난 뒤에야 결혼할 수 있었다.
> ② 베를린 대학 법학부에 입학했지만 철학과 역사학에 더 많은 관심을 가졌다.
> ③ 청년헤겔학파의 모임에 참여하여 열정적인 토론을 벌였다.
> ④ 1848년 혁명이 실패한 후에 독일에서 추방되어 영국 런던으로 이주했다.
> ⑤ 마르크스가 런던에서 경제적 어려움을 겪을 때 엥겔스가 많은 도움을 주었다.
> ⑥ 생전에 《자본론》(총3권)을 완성해 출판했다.

마르크스의 생애

'마르크스'라는 이름에서 떠오르는 것은 아마도 '공산주의', '사회주의', '자본론', '노동자 계급', '프롤레타리아트 독재' 등의 단어와 과격한 공산주의 혁명가의 모습일 것이다. 그렇지만 마르크스는 혁명가의 삶뿐만 아니라 이와 동시에 철학, 경제학, 사회학, 정치학 등 여러 학문 분야에 커다란 영향을 끼친 이론가이자 사상가로서의 삶도 살았다.

마르크스의 집안은 원래 유대교를 믿었는데 그의 아버지가 유대인에 대한 탄압을 피하기 위해 개신교로 개종했다. 그의 아버지는 변호사였으며, 사상적으로는 이성의 힘을 신뢰하는 계몽주의자이자 자유주의자였다. 그는 유복하면서도 자유로운 유년 시절을 보냈다. 17세가 되던 해 그는 고향 트리어에서 자신보다 네 살이 많은 귀족 가문 출신의 예니^{Jenny}와 사랑에 빠져 약혼까지 했다. 그렇지만 예니 집안은 특별한 직업도 없는 그를 받아들이기를 꺼려 했기 때문에 8년이 지난 뒤에야 그녀와 결혼할 수 있었다.

마르크스는 베를린 대학의 법학부에서 공부했지만 학업에만 전념하는 모범생은 아니었다. 대학 강의를 거의 듣지 않았으며 그나마 관심을 가졌던 것도 법학이 아니라 철학과 역사학이었다. 그는 당시 독일에서 큰 영향력을 발휘하던 헤겔 철학에 관심이 많았으며, 청년헤겔학파가 주도하는 모임에 적극 참여했다. 그 모임에서 회원들과 밤낮 없이 토론을 벌였으며 친구들은 그에게 '사상의 창고', '이념의 황소머리'라는 별명을 붙여주었다. 그러나 프로이센 정부는 사회 현실을 비판하는 청년헤겔학파를 탄압했기 때문에 마르크스는 대학에 남아 학자의 길을 가려던 꿈을 포기하고 그 대신에 사회 변혁을 추구하는 혁명가의 길로 들어섰다.

마르크스는 고향에서 정치 신문인 〈라인 신문$^{Rheinische\ Zeitung}$〉을 발행하는 일에 몰두했으며 이 신문의 편집장을 맡기도 했다. 당시 마르크스는 공화제와 보통선거권을 주장하는 급진적 자유민주주의자였지만, 점차 공산주의와 철학적 유물론을 지지하는 입장으로 바뀌었다. 또한 물질적 이해관계의 대립 같은 경제적 문제에도 본격적인 관심을 기울였다. 그는 프랑스 파리에서 급속한 산업화의 모습과 함께 노동자들의 빈곤한 삶을 보았다. 그리고 그곳에서 활동하던 공산주의 조직과 접촉하면서 조직적인 노동운동을 경험했다. 이를 계기로 노동자 계급이 공산주의 혁명의 주체가 되어야 한다는 주장을 펴는데, 이것은 그의 사상이 '급진적 민주주의'에서 '혁명적 공산주의'로 바뀌었음을 보여준다. 그는 파리에서 엥겔스와 처음 만났으며, 이후로 두 사람은 평생 동안 우정을 나누면서 공동으로 이론적 작업을 하는 사상적 동반자가 되었다.

철학, 경제학, 사회학, 정치학 등 여러 학문 분야에 커다란 영향을 끼친 이론가이자 사상가 마르크스

마르크스는 정치 활동에도 직접 뛰어들어 사회주의 단체를 조직하고 그 단체의 강령을 밝히는 선언문도 썼는데, 그것이 바로 유명한 《공산당 선언 Manifest der Kommunistischen Partei》(1848)이다. 이 책에는 "만국의 노동자들이여, 단결하라!"는 아주 널리 알려진 문구가 들어 있다. 1848년 프랑스를 비롯하여 유럽 각국에서 왕정에 대항하여 공화정을 세우려는 혁명이 일어나자 그는 독일로 귀국하여 혁명 활동에 뛰어든다. 그러나 혁명이 실패하자 독일에서 추방되었으며, 그 후 파리를 거쳐 영국의 런던으로 이주한다.

마르크스는 런던에 살면서 매우 궁핍한 생활을 했다. 평생 친구인 엥겔스가 지속적으로 경제적 지원을 해주었음에도 불구하고 살림은 거의 파산 지경에 이를 정도로 가난했다. 때로는 가구를 저당 잡히기도 했으며, 옷을 전당포에 맡겨서 외출조차 하지 못하기도 했다.

경제적 궁핍에도 불구하고 그는 좌절하지 않고 경제학 연구에 더욱 정진했으며, 영국의 대영박물관을 드나들며 경제학 서적을 집중적으로 탐독하면서 수십 년 동안 정치경제학 연구에 몰두했다. 또한 수많은 경제학 서적들을 읽고 그 내용을 발췌하거나 정리하고 거기에 자신의 생각을 덧붙이는 작업을 진행했다. 그는 죽을 때까지 자신이 계획했던 '경제학'을 완성하지는 못했지만 몇 권의 중요한 경제학 저서를 출간했고 이와 더불어 경제학과 관련된 많은 분량의 원고를 남겼다. 그 성과물로 《자본론 Das Kapital》을 비롯한 여러 권의 저서를 출간했다. 《자본론》 제1권은 1867년에 출판되었지만 나머지 제2권과 제3권은 그가 사망한 후에 엥겔스에 의해 출간되었다. 그는 '제1인터내셔널(국제노동자협회)'의 창설에도 적극 가담하여 창립선언문을 작성하는 등 실질적인 지도자 역할을 했다. 뛰어난 사상가이자 혁명가로서 인간 해방을 위해 열정적인 삶을 살았던 마르크스는 1883년 영국에서 삶을 마감했다. 비록 자신이 그토록 기대했던 사회주의 혁명이 성공을 거두는 것을 보지 못하고 세상을 떠났지만, 그의 사상은 후에 러시아 혁명과 중국 혁명 등을 통해서 세계를 뒤흔드는 강력한 힘을 발휘했다. 따라서 앞의 문제에서 마르크스의 삶에 대해 잘못 설명한 것은 ⑥번이다.

마르크스가 살았던 시대는 19세기 산업사회인데 당시 서부 유럽은 산업혁명을 거치면서 급속한 산업화·도시화 과정을 겪고 있었다. 18세기 후반 영국에서 시작된 산업혁명은 전통적인 농촌사회와 수공업을 붕괴시켰으며 도시와 기계제 대공업이 급격하게 발전하는 계기가 되었다. 농촌에서 쫓겨난 농민들은 도시로 몰려들어 공장의 임금노동자가 되었으며, 직장을 구하지 못한 사람들은 부랑자 신세로 전락했다. 노동자들은 하루 12시간이 넘는 장시간 노동에 시달렸지만 그들이 받는 임금은 겨우 생계를 유지할 정도에 불과했다. 자본가들은 더 많은 이윤을 남기기 위해 부녀자와 어린이들을 적은 임금으로 고용했다. 공장의 작업 환경은 매우 열악했으며, 많은 노동자들이 공장에서 사고로 사망하거나 부상을 입었다. 노동자들이 거주하는 주택은 비좁고 불결했으며, 영양실조에 걸린 노동자들도 상당히 많았다. 열악한 환경으로 노동력이 고갈되고 노동자들의 저항도 거세지면서 노동조건을 개선하기 위한 노동법이 제정되기는 했지만, 그 내용은 매우 빈약했을 뿐만 아니라 제대로 지켜지지도 않았다.

 마르크스는 이런 비참한 현실을 목격하고 분노했다. 그는 노동자들이 노동의 대가를 제대로 받지 못하고 노동 착취를 당한다고 보았다. 노동자들은 이 세상의 부를 창출하는 주인임에도 불구하고 인간다운 대접을 받지 못한 채 노예와 같은 삶을 살았다. 마르크스는 이런 문제가 근본적으로 자본주의적 생산방식 때문에 발생한다고 보았다. 자본주의 사회에서는 생산수단의 사적 소유가 인정되기 때문에 빈부격차의 심화와 노동 소외 같은 여러 문제가 발생한다. 그래서 그는 착취를 근절하고 노동 해방을 성취하기 위해서는 사적 소유를 철폐하여 공산주의 사회를 건설해야 한다고 주장했다. 이처럼 마르크스주의는 근대 산업사회를 배경으로 형성된 사상이며, 자본주의 사회에 대한 비판과 저항을 핵심 내용으로 한다.

20세기를 바꾼 마르크스의 저서들

마르크스는 철학, 역사학, 정치학, 경제학, 사회학 등 여러 분야에서 많은 저술을 남겼는데 어떤 것은 엥겔스와 공동으로 저술하기도 했다. 그중에서 중요한 저작을 몇 권 살펴보자.

우선 〈헤겔 법철학 비판 서설$^{Zur\ Kritik\ der\ Hegelschen\ Rechtsphilosophie\ Einleitung}$〉(1844)은 헤겔의 법철학에 대해 비판한 논문이다. 여기서 마르크스는 독일의 부르주아 계급이 혁명성을 상실했기 때문에 오직 프롤레타리아 계급만이 인간 해방을 위한 공산주의 혁명의 주체가 될 수 있다고 주장한다. 《경제학-철학 수고$^{Ökonomisch-philosophische\ Manuskripte}$》(1844)는 원고 형태로 보관되다가 1932년에 처음으로 출판되었는데, 여기에는 마르크스의 인간론 및 소외론과 관련된 중요한 내용이 담겨 있다. 그는 이 책에서 인간을 '유적 존재', 즉 공동체 속에서 자유롭고 창의적인 노동을 하는 존재로 규정하고, 자본주의 사회에서는 노동 소외로 인해 인간의 본질을 제대로 실현할 수 없다고 비판했다.

《독일 이데올로기$^{Die\ deutsche\ Ideologie}$》(1846)는 마르크스와 엥겔스의 공동 저작으로 1932년에 출판되었다. 이 책은 역사적 유물론을 체계화했다는 점에서 마르크스주의를 형성하는 데 결정적인 기여를 한 저작으로 평가받는다. 이 책에서 그들은 헤겔을 비롯한 독일 사상가들의 관념론적 역사관을 비판하고 유물론적 역사관을 적극 옹호한다. 《공산당 선언》도 마르크스와 엥겔스의 공동 저작인데, 이 선언문은 혁명 조직인 '공산주의자동맹'의 강령으로 프롤레타리아의 계급투쟁을 분석하면서 공상적 사회주의

자를 비판하는 내용이 담겨 있다. 마르크스주의를 대중들에게 널리 알리는 계기가 된 이 책은 후에 가장 많이 읽히는 공산주의 저술이 된다. 《1848년에서 1850년 사이의 프랑스 계급투쟁 Die Klassenkämpfe in Frankreich 1848 bis 1850》(1850)은 1848년 파리에서 발생한 노동자들의 계급투쟁을 분석한 책이다. 마르크스는 노동자

마르크스의 평생 동지였던 엥겔스

들의 봉기가 공화국 정부의 진압으로 실패하는 것을 보면서, 부르주아지 bourgeoisie 와 봉건세력 사이의 투쟁보다는 부르주아지와 프롤레타리아트 사이의 투쟁이 더 중요하며, 혁명의 과도기적 단계에서는 프롤레타리아트 독재가 필요함을 주장했다.

《정치경제학 비판 Zur Kritik der politischen Ökonomie》(1859)은 자본주의 경제를 상품과 화폐를 중심으로 분석한 책으로 나중에《자본론》을 저술하는 데 밑거름이 되었다. 특히 이 책의 서문은 마르크스가 유물론적 역사관의 핵심 요점을 체계적으로 정리하여 설명한 것으로 유명하다. 《자본론》(제1권)은 자본주의 경제의 운영 원리와 그 문제점을 분석한 경제학 저술이다. 제2권과 제3권은 초고의 형태로 보관되다가 마르크스가 사망한 후에 엥겔스에 의해 1885년과 1894년에 각각 출판되었다. 이 책은 '상품'에 대한 분석에서 출발하여 '자본'의 운동 과정을 중심으로 자본주의 경제가 어떻게 운영되며, 자본주의가 왜 붕괴할 수밖에 없는지를 구체적으로 분석하고 있다. 〈고타 강령 비판 Kritik des Gothaer Programms〉(1875)은

독일노동자정당의 통합을 위해 고타에서 제정된 강령을 비판하는 논문이다. 마르크스는 공산주의를 낮은 단계인 '사회주의 사회'와 높은 단계인 '공산주의 사회'로 구분하고, 낮은 단계인 사회주의 사회에서는 '노동에 따른 분배' 원리가 적용되고, 높은 단계인 공산주의 사회에서는 '필요에 따른 분배' 원리가 적용되어야 한다고 주장했다.

이처럼 사회주의 또는 공산주의 사상가로 널리 알려진 마르크스는 다양한 분야에 걸쳐 방대한 이론을 체계화했다. 그는 자본주의 사회의 운동 원리와 그 문제점을 날카롭게 분석하고 비판했으며, 새로운 이상 사회로서 공산주의 사회를 건설하기 위한 방법을 제시했다. 또한 자연과 사회에 대한 연구를 통해 세계의 운동과 변화의 원리를 규명했으며, 유물론적 관점에서 역사의 발전 법칙을 파악하려고 했다. 흔히 '마르크스주의[Marxism]'라고 불리는 마르크스의 사상 체계는 19세기 후반부터 20세기 후반까지 한 세기 동안 인류에게 가장 많은 영향을 끼친 사상으로 평가를 받는다.

마르크스주의는 마르크스가 혼자 완성한 것이 아니라 그의 절친한 친구이자 사상적 동반자인 엥겔스의 도움을 받아 완성했다. 그는 오랫동안 엥겔스와 교류하면서 삶을 마감할 때까지 돈독한 우정과 신뢰 관계를 유지했다. 엥겔스는 마르크스를 경제적으로 지원했으며 마르크스가 좌절감을 느낄 때는 정신적인 격려로 그의 의지를 북돋아주었다. 또한 이론적 측면에서도 마르크스와 협력하여 여러 권의 책을 공동으로 집필했다. 비록 엥겔스가 자신은 단지 '제2바이올린' 역할을 했을 뿐이라고 겸손하게 말했지만, 마르크스주의를 체계화하는 데 있어서 엥겔스의 공로는 매우 크다. 아마 엥겔스의 도움이 없었다면 마르크스주의는 완성되지 못했을지도 모른다. 따라서 이런 측면을 고려하여 '마르크스주의'를 '마르크스-엥겔스주의'라고 부르기도 한다.

마르크스주의는 다양한 분야를 다루기 때문에 그 양이 상당히 방대한데 그중에서 핵심이 되는 것은 철학, 경제학, 사회주의 사상이다. 이것을 흔히 마르크스주의의 세 가지 구성 요소라고 부른다. 이 세 분야를 중심으로 마르크스주의가 어떤 내용을 담고 있는지 살펴보자.

물질이 세상을 바꾼다
마르크스의 철학

마르크스의 철학 사상은 변증법적 유물론, 역사적 유물론, 소외론, 인간론 등을 포함하고 있다. 그런데 그중에서도 역사적 유물론은 경제학과 사회주의 사상의 이론적 토대가 된다는 점에서 마르크스주의의 핵심 부분이라고 할 수 있다. 그의 철학 사상은 헤겔과 포이어바흐 Ludwig Feuerbach, 1804~1872 같은 독일 근대 철학자들의 영향을 많이 받았는데, 마르크스는 이들의 사상을 비판적으로 수용하여 자신의 철학 사상을 완성했다.

'변증법적 유물론'은 자연과 사회, 사고를 포함하여 세계 전체가 어떻게 존재하며 어떤 방식으로 운동하고 발전하는지를 규명한다. 마르크스는 '유물론'의 관점에서 헤겔의 관념론을 비판했지만 그의 '변증법'은 수용했다. 그래서 변증법과 유물론을 결합

∷ 포이어바흐

하이델베르크 대학과 베를린 대학에서 수학하였으며 《죽음과 불멸에 대한 고찰》(1830)이 그리스도교를 비판한 것이라 하여 교직에서 추방당했고, 그 후로는 재야 철학자로서 저술활동을 계속하였다. 그는 그리스도교 및 관념적인 헤겔 철학에 대한 비판을 통해 유물론적인 인간중심 철학을 주장했다.

하여 '변증법적 유물론' 또는 '유물론적 변증법'을 주장했다. '유물론'은 물질과 정신 중에서 물질이 1차적이고 근본적인 것이며, 정신은 이러한 물질에서 파생된 2차적이고 부수적인 것이라고 본다. 즉, 물질이 정신을 규정하며, 정신은 물질을 반영한 것이다. 앞에서 말했듯 '변증법'은 대립과 투쟁으로 인해서 세계가 끊임없는 변화와 운동의 과정 속에 있다고 본다. 모든 사물 속에는 모순이 존재하기 때문에 대립과 갈등이 필연적으로 발생하며, 그 결과 세계는 항상 운동과 변화를 겪을 수밖에 없다는 것이다. 변증법은 세계를 운동과 변화, 상호연관성, 대립과 갈등의 관점에서 이해한다. 마르크스는 이렇게 유물론과 변증법을 결합시킨 '변증법적 유물론'의 관점에서 세계는 끊임없이 운동하고 변화하며, 그 변화의 원동력은 물질이라고 주장했다. 헤겔이 관념, 즉 정신을 변화의 원동력으로 간주한 데 비해, 마르크스는 물질을 변화의 원동력으로 보았다.

마르크스주의		
철학 사상	경제학 사상	사회주의 사상
변증법적 유물론 역사적 유물론 소외론, 인간론	정치경제학 자본주의 분석과 비판	과학적 사회주의 이론 공산주의 혁명 이론 공산주의 사회 이론
↑	↑	↑
헤겔, 포이어바흐	애덤 스미스, 리카도	생시몽, 푸리에, 오언

마르크스는 유물론의 입장에서 칸트와 헤겔의 관념론을 비판하지만, 넓게 보면 칸트와 헤겔로 이어지는 독일의 계몽주의 전통을 계승하고 있다. 때문에 그의 역사철학에도 이런 계몽주의적 역사관의 특징이 잘 드러난다. 마르크스는 칸트와 헤겔처럼 역사에는 일정한 발전 법칙이 존재하며(법칙주의), 인류의 역사는 더 좋은 방향으로 진보한다(진보주의)고 보았다. 이것은 인간의 이성에 대한 신뢰를 바탕으로 인류의 역사가 무한히 발전할 것이라는 계몽주의적 신념을 토대로 한 것이다. 그렇지만 그는 역사의 원동력이나 발전 과정에 대해서는 칸트나 헤겔과는 다른 입장을 갖고 있다.

'역사적 유물론'은 사회와 역사가 어떻게 존재하며 어떤 방식으로 운동하고 발전하는지를 규명한다. 변증법적 유물론이 자연과 사회, 사고의 보편적인 운동과 발전 법칙을 다룬다면, 역사적 유물론은 그중에서 사회의 운동과 발전 법칙을 다룬다. '역사적 유물론' 또는 '유물론적 역사관'은 말 그대로 역사와 사회를 유물론적 관점에서 이해하는 것이다. 헤겔이 '관념론적 역사관'의 입장에서 관념, 즉 정신이 역사를 발전시킨 원동력이라고 보았다면, 마르크스는 '유물론적 역사관'의 입장에서 물질적 생산 활동이 역사를 발전시키는 원동력이라고 주장했다. 인간은 생존하기 위해서 물질적 생산 활동을 해야 하며, 이 활동이 경제적 토대가 되어 정치, 법, 종교, 사상 같은 상부구조를 결정한다. 경제적 활동이 사회 구조와 사상의 형태를 결정하는 것이다. 그리고 계급이나 계급의식도 경제적 이해관계에 따라 형성되므로 이런 관점을 '경제 결정론'이라고 부른다.

마르크스는 경제적 토대가 되는 생산양식을 기준으로 삼아 인류의 역사가 원시 공동체 사회에서 출발하여 고대 노예제 사회, 중세 봉건제 사회, 근대 자본주의 사회를 거쳐 사회주의 또는 공산주의 사회로 발전한다고 보았다. 인류의 역사에는 이렇게 거스를 수 없는 필연적인 발전 법칙이 존재한다. 과거의 생산양식들과 마찬가지로 자본주의 사회도 일정한 발전 단계에 이르면 그 자체의 내적 모순으로 인해서 불가피하게 무너질 수밖에 없다. 자본주의 경제는 '사회적 생산'과 '사적 소유'의 모순이라는 근본 문제를 안고 있으며, 이로 인해 빈부격차의 심화, 이윤율의 경향적 저하, 무정부적 생산, 불황과 공황, 실업자의 증가 같은 여러 문제가 발생해 위기를 맞이한다. 이렇게 마르크스는 역사에 필연적인 발전 법칙이 존재한다는 역사철학을 바탕으로 자본주의 사회를 비판하고 공산주의 사회를 옹호했다. 역사적 유물

∷ 마르크스는 자신의 역사관을 무엇이라고 불렀을까?

우리는 마르크스의 역사관을 흔히 '유물론적 역사관(the materialist conception of history)'이라고 부르며 이것을 줄여서 '유물사관'이라고 부르기도 한다. 그러나 마르크스 자신은 이 용어를 사용하지 않았다. 그는 헤겔의 역사관을 비판하면서 그것을 '관념론적 역사관'이라고 부른 적은 있지만, 자신의 역사관을 이와 대비하여 '유물론적 역사관'이라고 직접 명명한 적은 없다. 이 용어는 나중에 그의 평생 동지인 엥겔스가 사용한 것이다. 오늘날에는 '유물론적 역사관'과 동일한 의미로 '역사적 유물론(historical materialism)'이라는 용어가 자주 사용되지만, 이 용어도 마르크스가 직접 사용한 것이 아니라 엥겔스가 사용한 개념이다.

론에 대해서는 뒤에서 좀더 자세하게 다루기로 하고, 여기서는 인간론과 소외론을 중점적으로 고찰해보자.

유적 존재, 인간은 노동하는 존재이다

앞에서 보았듯이 마르크스는 역사철학의 관점에서 자본주의를 비판하고, 다른 한편으로 규범이론의 관점에서 자본주의를 도덕적으로 비판한다. 자본주의 사회는 비효율성, 착취, 인간 소외 등의 도덕적 문제를 안고 있다. 우선 자본주의는 생산력의 발전이나 자원의 활용이라는 측면에서 비효율적이다. 자본주의에서는 사적 소유와 경쟁으로 인해서 무정부적 생산이 이루어진다. 자본가들은 경쟁에서 살아남기 위해서 끊임없이 새로운 생산 설비를 도입하여 생산 규모를 확대하지만, 이 과정에서 생산물이 수요에 비해 과잉 생산되어 재고가 쌓이고 이로 말미암아 불황과 공황이 발생한다. 애덤 스미스$^{Adam\ Smith,\ 1723~1790}$가 말하는 시장의 '보이지 않는 손'이 제대로 작동하지 않음으로써 수요와 공급에서 불균형이 발생하는 것이다. 이처럼 무정부적 생산 때문에 생산력이 정체되고 자원이 낭비된다는 점에서 자본주의는 효율성이 떨어진다.

또한 마르크스는 빈부 격차의 심화와 노동자의 빈곤화 문제를 착취의 측면에서 비판했다. 잉여가치나 이윤을 자본가가 가져가는 것은 노동자에 대한 '착취'다. 노동가치설의 입장에서 볼 때 잉여가치의 원천은 노동이다. 잉여가치는 생산과정에서 산출되며, 노동자들의 노동의 산물이다. 그런데 자본가는 노동력에 대한 대가만을 임금으로 지불하고 노동자가 생산한 잉여가치에 대해서는 아무런 대가도 지불하지 않는다. 따라서 자본가가 차지하는 잉여가치나 이윤은 노동력에 대한 착취이기 때문에 옳지 않다는 것이다.

마르크스는 비효율성과 착취뿐만 아니라 소외의 측면에서도 자본주의를 도덕적으로 비판했다. 그가 자본주의를 비판하고 공산주의를 높이 평가하는 이유는 인간 해방이 실현된 공산주의에서는 소외 문제가 극복되어 인간이 자신의 참된 본질을 실현할 수 있으리라 믿었기 때문이다. 그렇다면 그가 말하는 인간의 본질, 즉 인간의 참된 모습이란 어떤 것인가?

마르크스는 근대 산업사회, 특히 자본주의 사회에 대한 탁월한 분석가이자 비판가였는데, 그의 인간관에도 이런 시대적 상황이 반영되어 있다. 그는 근대 산업사회를 움직이는 원동력인 프롤레타리아의 '노동'에 주목하여 인간을 '노동하는 존재'로 규정했다. 어떤 사상가들은 이성에 주목하여 인간을 '호모 사피엔스homo sapiens'로 규정하거나, 언어에 주목하여 '호모 로퀜스homo loquens'로 규정하기도 하며, 놀이나 유희에 주목하여 '호모 루덴스homo ludens'로 규정을 내리기도 한다. 그러나 마르크스는 노동과 제작에 주목하여 인간을 '호모 파베르homo faber'의 관점에서 이해했다.

마르크스는 초기 저작인 《경제학-철학 수고》에서 인간을 '유적 존재Gattungswesen'로 규정한다. 그는 소유욕과 경쟁에 사로잡혀 사적 이익을 추구하는 개별적 인간이 아니라, 유類, Gattung로서의 인간, 즉 유적 존재로서 인간 종족 전체의 특성을 지닌 보편적 인간을 탐구한다. '유적 존재'라는 용어는 원래 슈트라우스David

Strauß, 1808~1874*가 널리 사용한 개념으로, 인간들은 매우 다양하고 상이한 성격을 지녔기 때문에 함께 있을 때 비로소 완전한 인간이 된다는 의미이다. 포이어바흐도 《기독교의 본질Das Wesen des Christentums》(1841)에서 '유'라는 용어를 사용했는데, 나중에는 '공동체'라는 용어로 대체했다. 여기서 보듯이 '유'라는 용어에는 사회적 존재로서 인간이 갖고 있는 '사회성' 또는 '공동체성'이라는 특성이 내포되어 있다. 마르크스도 포이어바흐의 인간학적 유물론의 영향을 받아 초기 저작에서 '유적 존재'라는 용어를 사용했지만, 이 용어를 통해 '사회성'뿐만 아니라 자유로운 활동으로서 '노동'이라는 특성도 강조하기 때문에 그 의미는 포이어바흐와 차이가 있다.

마르크스는 유적 존재로서 인간의 본질은 '자유로운 의식적 활동'에 있으며, 이 점에서 인간과 동물은 다르다고 주장했다. 동물은 본능적인 신체적 욕구를 충족시키기 위해 생산하지만, 인간은 신체적 욕구에서 벗어나서 자유롭게 생산한다. 또한 동물은 자신의 수준과 욕구에 따라 생산하지만, 인간은 사물들의 고유한 특성과 수준을 고려하여 미적으로 생산한다. 자연은 동물에게 단지 신체적 욕구를 충족시키기 위한 대상에 불과하지만, 인간에게는 학문적·예술적 대상이 된다. 이렇게 인간은 신체적 욕구에서 벗어나서 사물들을

:: 슈트라우스

독일의 프로테스탄트 철학자, 신학자, 전기작가. 저서인 《예수전 Das Leben Jesus》으로 커다란 반향을 불러일으켰다. 이 책은 헤겔학파를 좌, 우파로 분열시켰다.

다양한 목적과 관점에서 다룬다는 점에서 보편적이고 자유로운 존재라고 할 수 있다.

또 다른 차이점은 동물은 자신의 생존 활동에만 매달리지만, 인간은 자신의 활동 자체를 자신의 의지와 인식의 대상으로 삼는다는 것이다. 인간은 노동을 통해서 자신의 삶을 대상화시키고, 이렇게 대상화된 세계에서 자신을 발견하고 인식한다. 또한 자신의 소질을 발휘하고 꿈을 실현하기 위해 노동을 하며, 노동의 과정과 그 생산물에서 자신의 힘과 모습을 본다. 인간은 자신의 활동을 스스로 뒤돌아보고 이를 통해 자신이 어떤 존재인지를 인식하는 자기의식을 지닌 존재다.

이처럼 사회적 존재로서 인간은 자유로운 활동인 노동을 통해서 유적 존재로서의 자신의 본질을 드러내며, 노동의 결과물들을 통해 자기를 의식한다. 노동은 단지 생계의 수단이 아니라, 자신의 본질을 실현하고 그것을 확인하는 계기다. 즉, 노동은 인간이 인간답게 살기 위한 본질적 행위인 것이다.

마르크스는 《자본론》에서 노동의 의미에 대해 다음과 같이 설명했다. 노동은 인간의 욕구를 충족하기 위한 활동이자 보편적인 삶의 활동이다. 노동 과정은 인간 삶의 특정 형태와는 무관하며, 인간 삶의 모든 사회적 형태에 공통된 것이다. 노동은 특정 사회에서만이 아닌 모든 사회에서 보편적으로 이루어지는 삶의 활동이다. 물론 그 사회가 봉건제 사회인지 아니면 자본주의 사회인지에 따라 구체적인 노동 방식에서는 차이가 있을 수 있지만, 일반적인 삶의 활동으로서 노동은 모든 사회에서 공통적으로 행해진다.

또한 노동은 특정한 목적을 실현하기 위한 합목적적(合目的的) 활동이다.

> 우리가 상정하는 노동은 오로지 인간에게만 볼 수 있는 형태의 노동이다. 거미는 방직공들의 일과 비슷한 일을 하며, 꿀벌의 집은 건축가들을 부끄럽게 한다. 그러나 가장 서투른 건축가를 가장 훌륭한 꿀벌과 구별시켜주는 점은, 사람은 집을 짓기 전에 미리 머릿속에서 그것을 짓는다는 것이다. …… 노동자는 자연물의 형태를 변화시킬 뿐만 아니라 자기 자신의 목적을 자연물에 표현한다.

거미나 꿀벌도 자신의 집을 잘 짓지만 이것은 본능적인 활동에 불과하다. 반면에 인간은 집을 짓기 전에 미리 머릿속에 구상하여 계획적으로 일을 한다. 따라서 인간의 노동은 자신이 미리 구상한 목적을 실현하기 위한 '합목적적 활동'이다. 합목적적 노동으로 인해서 인간은 더 복잡하고 세밀한 것들을 만들 수 있으며 또한 기존의 생산방식에서 벗어나 더 발전된 생산방식을 개발할 수 있다.

그리고 노동은 인간과 자연의 상호작용의 활동이자 자아실현의 과정이다.

> 노동은 무엇보다도 먼저 인간과 자연 사이에서 이루어지는 하나의 과정이다. 이 과정에서 인간은 자신과 자연 사이의 신진대사를 자신의 행위에 의해 규제하고 통제한다. …… 인간은

자연의 소재를 자신의 생활에 적합한 형태로 획득하기 위해 자기 신체에 속하는 자연력인 팔과 다리, 머리와 손을 움직인다. 인간은 이 운동을 통해 외부의 자연에 영향을 미치고, 그것을 변화시키며, 그렇게 함으로써 자신의 자연(천성)을 변화시킨다. 그는 자신의 잠재력을 개발하며, 이 힘의 작용을 자신이 통제한다.

인간은 자기 신체의 힘을 사용하여 외부 대상인 자연을 가공하고 변형시킨다. 그리고 이렇게 노동을 통해 가공된 자연을 보면서 자신의 능력을 확인하고 나아가 자신의 능력을 더욱 개발한다. 노동은 인간과 자연의 상호작용을 매개하는 활동인 동시에 자아실현의 계기인 것이다.

이처럼 마르크스는 후기 저작에서 '유적 존재', '인간 본질' 등의 용어를 핵심 개념으로 사용하지는 않지만, 초기 저작과 마찬가지로 여전히 '유적 존재'의 관점에서 인간을 이해했다. '유적 존재'로서 인간의 본질적 측면은 노동이며, 인간은 자유롭고 의식적 활동인 노동을 통해 자아를 실현하고 자신의 본질적인 모습을 유지한다.

인간의 삶에서 노동이 차지하는 역할이나 중요성에 주목한 근대 사상가로는 마르크스 이외에도 여러 사상가들이 있지만, 노동에 대한 관점은 서로 차이가 있다. 로크는 《시민 정부론》(1689)에서 노동의 의미를 소유권과 관련하여 설명했다. 자연 상태에서 인간은 자유권, 생명권, 소유권이라는 기본적 권리를 지니는데, 이 중에서 소유권은 노동을 통해서 형성된다. 원래 대지를 비롯한 자연물은 모든 사람들의 공유물이다. 그런데 개인이 노동을 통해 자연물에 자신의 인격을 투입하면, 즉 자연물에 힘을 가하여 가공하거나 변형시키면, 그것은 자신의 소유물이 된다. 예를 들면 야생의 도토리는 모든 사람의 공유물이지만, 어떤 개인이 그 도토리를 주워 모은다면 개인의 소유물이 된다. 즉, 노동이 사적 소유권을 정당화하는 근거가 된다. 따라서 모든 개인은 노동을 통해 소유권의 주체가 될 수 있다. 이처럼 로크는 근대 자본주의의 주요 원리인 사적 소유권을 정당화하는 관점으로 노동 개념을 이해했다.

이에 비해 헤겔은 노동의 의미를 자기의식이나 자기 정체성의 확립과 관련하여 설명했다. 헤겔은 《법철학》에서 사적 소유를 기반으로 한 근대의 시민사회가 한계를 지니고 있다고 보았다. '욕구의 체계'로서 시민사회는 소유권을 보장함으로써 개인들의 욕구를 충족시키고 개인들 간의 갈등을 조절하기도 한다. 헤겔은 진정한 '인륜Sittlichkeit'이란 이와 같은 시민사회의 개별적이고 이기적인 상태를 넘어서서 개별성과 공동체성이 통일을 이루는 국가에서 현실화된다고 말했다. 그는 시민사회, 즉 사적 소유권을 기반으로 한 자본주의 사회의 한계를 비판하면서 이를 넘어설 것을 주장했다.

헤겔은 《정신현상학》에서 주인과 노예의 변증법을 통해 노동의 의미를 이렇게 설명했다. 사람들은 타인으로부터 인정을 받기 위해 생사를 건 투쟁을 한다. 이 과정에서 자립적 의식을 고수한 사람은 '주인'이 되지만 비자립적 의식을 지닌 사람은 '노예'가 된다. 노예는 노동을 통해 주인에게 봉사하며, 주인은 노예의 노동 성과물을 향유하면서 산다. 그런데 노예는 노동을 통해 점차 자신의 힘을 확인하고 자신의 능력을 발전시킴으로써 자립적 의식을 확보한다. 노예는 대상을 형성하고 가공하는 과정에서 순수한 대자적 존재로서의 자신을 인지한다. 노동은 대상을 가공하고 변형하는 활동인데, 노예는 이렇게 노동을 통해 가공된 대상 속에서 자신의 힘을 확인함으로써 자립적인 자기의식을 확보한 '대자적 존재'가 된다. 노예는 노동을 통해 자립적 의식을 확보하지만 반면에 생산적 노동에 종사하지 않고 향유만을 즐기던 주인은 오히려 노예의 노동에 의존해야 하는 비자립적 존재로 전락한다.

이처럼 헤겔은 노동 개념을 단지 사적 소유권을 정당화하는 근거로서만이 아니라 이를 넘어서서 개인이 자기의식을 확보하는 계기로 이해했다. 이런 방식으로 노동 개념은 인간의 삶과 존재 방식에서 근본적인 의미를 지닌 것으로 자리를 잡았다. 마르크스는 이러한 헤겔의 노동 개념을 수용하여 '유적 존재'라는 개념을 통해 노동을 인간의 본질적인 활동이자 근본적인 삶의 방식으로 정립했다. 그리고 더 나아가 자유로운 노동을 억압하는 소외 문제를 집중적으로 분석하고 비판하면서 이를 극복하기 위한 실천적 방안을 제시했다.

자본이 인간의 소외를 가져오다

마르크스는 자본주의 사회의 특성 때문에 인간 소외가 발생한다고 주장했다. 사적 소유와 분업, 그리고 이로 인한 계급적 사회관계는 자유로운 노동을 억압하고 왜곡함으로써 '유적 존재'로서 인간이 자신의 본질을 실현하는 것을 가로막는다는 것이다. '소외 疎外, Entfremdung'란 인간이 만든 생산물이 인간으로부터 분리되어 자립하면서 인간에게 낯설고 대립적인 존재가 되고, 나아가 인간을 억압하여 종속시키는 힘으로 작용함으로써 인간이 주체성과 자율성을 상실하게 되는 현상이다. 유적 존재로서 인간은 노동을 통해 자아를 실현하는데, 자본주의 사회에서는 노동 소외 때문에 자아실현의 기회를 상실하고 비인간적인 삶을 산다. 마르크스는 노동 소외가 발생하는 원인이 사적 소유와 분업 때문이라고 하면서 《경제학-철학 수고》에서 노동 소외의 형태를 네 가지 언급했다.

마르크스에 따르면 노동 생산물은 노동이 대상화된 것인데, 자본주의 사회에서는 사적 소유 때문에 노동자가 그 대상물을 전유하지 못하고 상실한다. 즉, 노동자는 임금을 받고 고용되기 때문에 노동 생산물을 자신이 향유하지 못하고 자본가에게 빼앗긴다. 때문에 자신이 생산한 생산물이 낯선 존재로 자립화하면서 자기에게 오히려 대립하는 것으로 나타나는데, 이것이 '노동 생산물로부터 소외'다. 이런 소외는 '생산과정으로부터 소외'에서 기인한다. 생산수단을 소유하지 못한 노동자는 생계를 유지하기 위해 어쩔 수 없이 자본가에게 고용되어 자본가가 시키는 일을 할 수밖에 없다. 그 결과 노동은 자발적인 것이 아니라 강제적인 것이 되며, 그 자체가 욕구의 충족이 아니라 다른 욕구를 충족하기 위한 수단으로 전락한다. 그래서 노동자는 노동 과정에서 행복보다는 불행을 느끼며 비인간화된다.

이러한 두 가지 소외에서 '유적 본질로부터 소외'가 발생한다. 노동이 신체적 욕구를 충족시키기 위해 어쩔 수 없이 해야 하는 생계수단으로 전락함으로써 인간은 노동을 통해 자신의 유적 본질을 자유롭게 실현하지 못한다. 또한 자신의 노동 생산물을 상실하고 그것과 대립함으로써 노동 생산물을 통해 유적 존재로서의 자기를 의식하지 못한다. 자유롭고 의식적인 활동이 되지 못함으로써 노동은 유적 본질을 실현하는 계기가 아니라 오히려 비인간화를 조장한다. 그리고 이런 소외들로부터 인간이 다른 인간과 맞서고 대립하는 '인간의 인간으로부터 소외'가 발생한다. 노동자와 자본가가 대립하는 적대적인 인간관계, 즉 계급관계가 형성된다.

마르크스는 사적 소유뿐만 아니라 분업 때문에도 노동 소외가 발생한다고 비판했다. 분업의 형태에는 사람들이 서로 다른 직업이나 직종에 종사하는 '사회적 분업'과 동일한 직업이나 작업장 내부에서 서로 다른 업무에 종사하는 '기술적 분업'이 있다. 마르크스는 초기에는 주로 사회적 분업의 문제를 지적하다가 후기에는 기술적 분업의 문제도 함께 지적했다.

마르크스는 《경제학-철학 수고》에서 애덤 스미스를 비롯한 국민경제학자들이 노동 분업의 긍정적 측면만을 묘사한다고 비판하면서 그것의 부정적 측면을 지적했다. 마르크스에 따르면 분업은 노동의 생산력 및 사회의 풍부함과 세련성을 높이지만, 노동자를 기계로 전락시키기도 한다. 분업이 노동생산성을 향상시키고 생산물을 풍부하게 만듦으로써 사회를 발전시키는 데 기여한 것은 사실이지만, 분업의 과정에서 노동자는 기계적인 작업을 반복함으로써 노동 소외를 겪는다. 또한 분업이 사회적 부를 증진시키는 데 기여하지만, 개인적 차원에서는 개인의 능력을 오히려 퇴화시키는 부작용을 낳는다.

그는 《독일 이데올로기》에서도 이러한 분업의 문제점을 지적했다. 분업이 시작되면서 정신적 활동과 육체적 활동, 향유와 노동, 생산과 소비가 이것들과 전혀 무관한 개인들의 몫으로 돌아갈 가능성, 아니 그런 현실성이 있다. 사회적 분업 때문에 정신적 활동과 육체적 활동, 향유와 노동, 생산과 소비가 분리되고 이로 인해 생산 활동에 참여하지 않는 사람들이 생산물을 독점하여 향유하고 소비할 수 있다는 것이다. 사회적 분업은 생산과 향유를 분리시켜 노동자들이 자신의 생산물을 향유하지 못하게 하고, 각 개인에게 배타적인 활동 영역을 할당하여 자신의 능력을 전면적으로 발휘하지 못하게 만든다. 그래서 생산력 같은 사회적 힘이 낯선 힘이 되어 오히려 인간을 지배하는 인간 소외의 문제가 발생한다.

이와 더불어 마르크스는 기술적 분업의 문제점도 지적했다. 그는 《독일 이데올로기》에서 중세의 동업 조합을 분석하면서 다음과 같이 말했다.

> 각 노동자는 작업의 모든 범위에 걸쳐서 숙련되어야 하며, 자신의 도구로 필요한 것은 무엇이든 만들 수 있어야 했다. …… 따라서 중세의 수공업자들은 자신들의 특수한 노동을 숙달하는 데 관심을 갖고 있었으며, 이것은 예술의 수준으로까지 고양되기도 했다. 바로 이런 이유 때문에 중세의 모든 수공업자들은 완전히 자신의 노동에 몰두함으로써 그것에 대한 안락한 예속 관계를 맺었다. 그들은 자신의 노동에 대해 무관심한 근대의 노동자들보다는 훨씬 더 자기 노동 안에 포섭되어 있었다.

중세의 도시에서는 어느 정도의 사회적 분업이 이루어지고 있었으나 아직 작업장 내부에서의 기술적 분업은 이루어지지 않았기 때문에, 기술적 분업에 따른 노동 소외는 일어나지 않았다.

즉, 노동자들은 자신의 작업 과정 전체를 통제하고 관리할 수 있었기 때문에 노동에 대한 자율성과 관심, 흥미가 있었으며 그래서 때로는 창의력을 발휘하고 예술성도 가미할 수 있었다. 이에 비해 근대 공장 노동자들은 작업 과정에서 기술적 분업이 심화되었기 때문에 세분화되고 파편화된 작업을 반복적으로 해야 하며, 그 결과 자신의 창의성과 자율성을 발휘하지 못하고 노동 소외를 겪는다.

이처럼 자본주의에서는 사적 소유와 분업 때문에 노동 소외가 발생하여, 노동이 개인의 소질과 능력을 발휘하고 자아를 실현하는 활동이 아니라 생계를 유지하기 위해 어쩔 수 없이 해야 하는 강제적이고 억압적인 활동이 되었다. 그래서 마르크스는 노동 소외를 극복하기 위해서는 사적 소유와 분업을 폐지하여 모든 사람들이 자유롭고 창의적인 노동을 통해 자아를 실현할 수 있는 공산주의 사회를 건설해야 한다고 주장했다.

자본주의 경제에 대한 날카로운 분석
마르크스의 경제학

마르크스의 경제학은 자본주의 사회의 운영 원리와 그 문제점에 대해 다루고 있는데, 그는 자신의 이론을 '정치경제학'이라고 부르기도 하였다. 마르크스의 경제학 이론은 애덤 스미스, 데이비드 리카도[David Ricardo, 1772~1823] 같은 영국 고전 경제학자들의 영향을 많이 받았는데, 그는 자본주의 경제를 분석한 이들의 저서를 탐독하면서 그 이론을 비판적으로 수용하여 《자본론》을 저술했다. 이 책은 영국에서 20

애덤 스미스와 함께 영국의 대표적 고전 경제학자로 손꼽히는 리카도

여 년에 걸친 그의 오랜 연구를 바탕으로 저술한 것이며 총 3권으로 구성되어 있다. 그는 자본주의 경제가 가장 발달한 영국 사회를 분석하면서 자본주의 경제의 운영 원리와 그 문제점을 예리하게 규명했다. 마르크스는 '자본주의 경제의 특징은 무엇인가?', '자본주의 경제는 어떻게 운동하고 있는가?', '자본주의 경제는 어떤 문제점을 안고 있는가?'라는 물음들에 대해 답변을 하려고 시도했다.

자본의 순환과 잉여가치의 창출

마르크스에 따르면 자본주의 경제의 가장 중요한 특징들 중의 하나는 '상품'의 생산이다. 자본주의 사회에서 대부분의 생산물은 상품 형태로 시장에서 거래된다. 그리고 상품의 가치, 즉 교환가치는 그 상품을 생산하는 데 투입된 노동 시간에 의해 결정된다. 따라서 상품을 생산하는 데 많은 시간이 들어갈수록 상품의 가치는 증가한다. 상품 교환이 활발해지면 교환의 편리성을 위해 '화폐'가 등장한다. 금도 처음에는 하나의 상품에 불과했지만 교환수단으로 널리 사용되면서 화폐의 지위를 차지했다. 자본주의 사회에서는 화폐만 있으면 모든 것을 살 수 있기 때문에, 화폐는 강력한 힘을 가진 신비한 존재로 보인다. 때문에 화폐를 숭배하는 황금만능주의나 물신화物神化가 나타나기도 한다. 그러나 화폐는 원래부터 신비한 힘을 가진 것이 아니며, 다른 상품과 마찬가지로 인간의 노동 생산물에 불과한 것이다.

자본가는 '잉여가치'를 획득하기 위해 화폐를 생산과정에 투입한다. 이렇게 생산과정에 투입된 화폐를 '자본'이라고 한다. 자본은 더 많은 화폐를 얻기 위해 끊임없이 순환하며, 이 과정에서 추가로 획득된 가치가 '잉여가치'이다. 그렇다면 잉여가치는 어떻게 산출되는가? 자본가는 노동자를 고용하여 생산 활동을 전개한다. 노동자는 생계를 유지하기 위해서 자신의 노동력을 상품으로 판매하며 그 대가로 임금을 받는다. 하지만 노동력은 특수한 상품으로 자신의 가치를 넘어서는 추가적 가치, 즉 잉여가치를 산출한다. 노동력이 바로 잉여가치의 원천인 것이다. 불변자본인 생산수단은 자신의 가치를 생산물에 이전하는 데 그치지만, 가변자본인 노동력은 자신의 가치를 넘어서는 잉여가치를 산출한다. 가변자본이 잉여가치를 산출하는 비율을 '잉여가치율'이라고 하는데, 이것은 자본가가 노동력을 착취하는 정도를 보여준다. 따라서 자본가가 차지하는 잉여가치는 노동자에 대한 '착취'라고 볼 수 있다.

자본가는 더 많은 잉여가치를 획득하기 위해서, 즉 노동자에 대한 착취를 강화하기 위해서 다양한 방법을 동원한다. 먼저 '절대적 잉여가치'의 산출 방법을 살펴보자. 자본가는 노동자에게 같은 임금을 주고 더 많은 노동을 시키면 보다 많은 잉여가치를 획득할 수 있다. 이렇게 노동시간의 연장을 통해서 산출된 잉여가치가 '절대적 잉여가치'다. 자본가들은 노동시간을 늘리기 위해서 노동자들의 퇴근시간을 늦추고, 휴식시간과 식사시간을 축소하는 등 온갖 불법적 수단을 동원한다. 이 과정에서 장시간 노동을 강요당하는 노동자들은 잉여가치를 산출하기 위한 하나의 수단으로 전락하면서 노동 소외를 겪는다.

다음으로 '상대적 잉여가치'의 산출 방법을 살펴보자. '상대적 잉여가치'란 노동생산성을 증가시킴으로써 필요 노동시간을 단축하고 잉여 노동시간을 상대적으로 늘리는 방법으로 산출된 잉여가치다. 특히, 어떤 자본가가 다른 자본가보다 먼저 새로운 기술을 채택하여 노동생산성을 향상시킨다면, 더 저렴한 비용으로 상품을 생산할 수 있고 그 결과 더 많은 이익을 얻을 수 있는데, 이것을 '특별잉여가치'라고 한다. 따라서 자본가들은 더 많은 상대적 잉여가치 또는 특별잉여가치를 획득하기 위해 노동생산성을 향상시키는 데 커다란 관심을 기울인다. 자본가들은 작업을 효율적으로 수행하고 상품을 대량으로 생산하기 위해 처음에는 '협업'과 '매뉴팩처 manufacture*'의 생산방식을 도입하며, 나중에는 더 발달된 단계인 '기계제 대공업'의 생산방식을 도입한다. 그렇지만 이 과정에서 분업이 확대되어 노동자들은 단순작업을 반복하고, 기계와 자본에 대한 노동자들의 종속도 심화되어 노동 소외 문제가 발생한다.

이렇게 자본가는 노동시간의 연장이나 노동생산성의 향상 등의 방법으로 절대적·상대적 잉여가치를

::매뉴팩처
자본주의 초기 발전 과정에서 성립한 과도기적 경영양식인 공장제 수공업을 말한다. 생산기술의 기초를 수공기술에 두고 있는 점에서는 수공업에 가까우나 임금노동자의 고용을 기반으로 하는 대규모 생산이라는 점에서는 대공업에 가깝다. 또한 단순 협업에 비해 노동생산성을 크게 향상시켜, 상대적으로 많은 잉여가치의 생산을 가능하게 했다.

확보한다. 그러나 자본가는 잉여가치를 개인적으로 모두 소비하지 않고 그 일부분을 생산과정에 다시 투입하여 자본을 축적한다. 이는 다른 자본가들과의 경쟁에서 살아남기 위해서 꼭 필요하다. 생산 설비를 확충하고 생산의 효율성을 높이기 위해서는 자본을 축적하여 생산 규모를 확대해야 한다. 그래서 이것을 '확대재생산'이라고 부르기도 한다. 실업자와 같은 산업예비군이 항상 존재하기 때문에 자본가들은 이들을 저임금으로 고용하여 많은 이윤을 남김으로써 자본 축적을 가속화할 수 있다.

역사적으로 자본의 시초 축적은, 봉건 영주들이 농민들의 토지를 강제적으로 수탈함으로써 시작된다. 토지에서 쫓겨난 농민들은 생존을 위해 자신의 노동력을 팔아야 하는 임금노동자로 전락하고 봉건 영주들은 그 노동자들을 고용하여 양모를 생산하는 자본가로 변신한다. 여기서 노동자와 자본가라는 자본주의적 생산관계가 형성된다. 자본주의가 발달할수록 자본 축적은 경쟁적으로 가속화되어 대자본이 형성된다. 대자본은 사회적 생산과 사적 소유라는 자본주의적 모순을 더욱 심화시킴으로써 자본주의를 붕괴의 위기로 몰아넣는다.

생산과정에 투입된 자본은 여러 단계의 운동과정을 거치면서 그 형태가 바뀌는데, 이 운동의 과정에서 자본이 원래의 자기 형태로 복귀하는 것을 '자본의 순환'이라고 한다. 자본은 일반적으로 화폐(M) — 상품(C) — 생산(P) — 잉여가치가 더해진 상품(C′) — 잉여가치가 더해진 화폐(M′)라는 순환과정을 거친다. 제1단계로 자본가는 화폐(M)를 가지고 생산에 필요한 생산수단이나 노동력 같은 상품(C)을 구입한다. 제2단계로 이렇게 구입한 생산수단과 노동력을 결합시켜 생산(P)을 한다. 생산수단은 자신의 가치를 새로운 생산물에 그대로 이전하지만, 노동력은 자신의 가치보다 더 많은 추가적 가치, 즉 잉여가치를 산출하여 새로운 생산물에 이전한다. 따라서 생산과정을 거치면 잉여가치가 더해진 상품(C′)이 생산된다. 제3단계로 이렇게 잉여가치가 더해진 상품(C′)을 판매하여 화폐(M′)를 얻는다. 이때 획득한 화폐는 잉여가치를 포함하기 때문에 처음에 투입한 화폐(M)보다 그 양이 더 늘어난다. 이렇게 자본은 순환운동을 통해서 축적된다.

　자본은 한 번의 순환운동으로 그치지 않고 주기적인 반복적 순환운동 즉, '회전운동'을 통해서 지속적으로 더 많은 잉여가치를 창출하려고 한다. 자본의 '회전 기간'은 자본이 1회 순환하는 데 걸리는 기간이다. 자본의 순환운동은 생산과정과 유통과정이 결합된 것이기 때문에, 자본의 회전 기간은 결국 '생산 기간'과

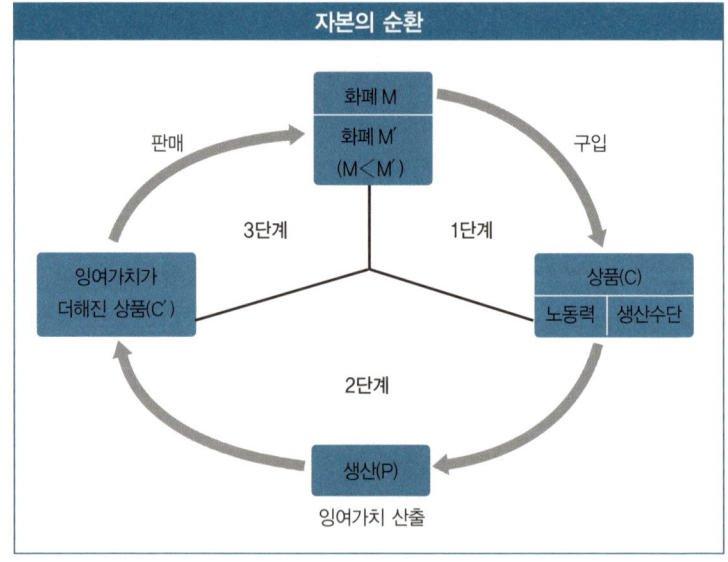

'유통 기간'을 합한 것과 같다. 이 회전 기간이 짧을수록 자본은 1년 동안 더 많이 회전할 수 있으며 그 결과 누적되는 잉여가치의 총량도 증가한다. 자본의 회전 기간이 짧을수록 자본가는 더 많은 잉여가치를 획득할 수 있는 것이다. 그래서 자본가는 자본의 회전수를 최대한으로 증대시키기 위해 노동시간의 연장, 주야간 노동 교대제 등을 실시한다.

개별 자본들은 서로 영향을 주고받으면서 운동하며, 그 결과 상호 연관된 '사회적 총자본'이 형성된다. 사회적 총자본은 크게 생산수단을 생산하는 부문과 소비수단을 생산하는 부문으로 구성된다. 자본가는 잉여가치의 원천에 대해서는 별로 관심이 없으며, 오로지 투입한 총자본이 얼마만큼의 이윤을 창출하는가에만 관심을 기울인다. 자본가들은 더 많은 이윤을 얻기 위해 치열한 경쟁을 벌이면서 이윤율이 낮은 분야의 자본을 높은 분야로 이동시킨다. 이러한 자본의 이동을 통해서 자본이 다양한 분야에 분배되면 이윤율은 점차 비슷한 수준에 도달하여 '평균 이윤율'이 형성된다.

자본주의의 위기

자본주의가 발달하면 생산과정을 담당하는 '산업자본'뿐만 아니라 유통과정을 담당하는 '상업자본'이 형성된다. 이제 산업자본은 생산과정만을 담당하며, 유통과정은 상업자본이 분할하여 담당한다. 산업자본은 생산과정에서 산출한 잉여가치의 일부를 상업자본에게 할당해주는데, 이것이 '상업이윤'이다. 산업자본가는 화폐자본가나 대부자본가에게 돈을 빌린 다음에 이에 대한 대가로 '이자'를 지불한다. 따라서 이자의 원천도 산업자본이 산출한 잉여가치다. 토지 소유자는 자신의 토지를 농업자본가에게 빌려주고 그 대가로 '지대'를 받는다. 따라서 지대의 원천은 농업자본가가 산출한 잉여가치다. 이처럼 상업이윤, 이자, 지대를 포함하여 모든 이윤은 생산과정에서 산출된 잉여가치에서 나온 것이며, 따라서 모든 이윤의 원천은 노동자의 노동이다.

자본가들은 더 많은 특별잉여가치를 얻기 위해서, 그리고 치열한 경쟁에서 살아남기 위해서 생산수단에 대한 투자를 계속 증가시킨다. 그 결과 불변자본에 대한 가변자본(노동력)의 비율이 상대적으로 감소하면서 자본의 유기적 구성이 높아진다. 그러나 잉여가치의 원천인 가변자본에 대한 투자 비율이 감소하기 때문에 투입한 총자본에 대한 잉여가치의 비율인 이윤율도 감소한다. 자본가들은 생산성을 높이기 위해서 생산수단에 대한 투자를 증가시켜 '자본축적'을 가속화함에도 불구하고, 그 과정에서 '이윤율의 저하'라는 문제가 발생하는 것이다.

평균 이윤율의 저하 경향은 자본주의의 모순을 심화시켜 여러 경제적·사회적 문제를 일으킨다. 자본의 최고 목표는 이윤을 획득하는 것이다. 그런데 평균 이윤율이 저하되면 이윤을 확보하기가 어려워지고, 새로운 자본 투자도 위축됨으로써 자본주의적 생산과정이 위협을 받는다. 또한 자본가들은 잉여가치의 양을 증가시키기 위해 생산 규모를 확대하는데, 이로 인해 과잉 생산이 발생하여 공황으로 이어진다. 수요에 비해 공급이 과잉되어 경제적 혼란이 일어나는 것이다. 이것은 '사회적 생산'과 '사적 소유' 사이의 모순이라는 자본주의의 근본적인 모순 때문에 발생한 것이다. 생산수단을 소유한 소수의 자본가들이 사회적 부를 독점하고 더 많은 이윤을 얻기 위해 치열한 경쟁을 벌이는 과정에서 과잉 생산이나 공황 같은 경제적 혼란이 발생하며, 노동자들의 계급투쟁도 격화된다. 결국 자본주의는 이런 모순과 혼란을 극복하지 못하고 붕괴한다.

이처럼 마르크스는 《자본론》에서 자본주의가 노동력에 대한 착취를 기반으로 삼고 있기 때문에 정당하지 않을 뿐만 아니라, 자본주의 사회는 그 자체의 모순으로 말미암아 붕괴할 수밖에 없음을 논증하려고 했다. 근대의 자본주의는 중세의 봉건제에 비해 더 발전된 경제 형태이기는 하지만, 일정한 발전 단계에 이르면 한계에 부딪혀 반드시 무너진다는 것이다. 자본주의 경제는 '사회적 생산'과 '사적 소유' 사이의 모순이라는 근본적인 문제점을 안고 있으며, 이로 인해 빈부격차의 심화, 이윤율의 경향적 저하, 무정부적 생산, 불황과 공황, 실업자의 증가 같은 여러 문제가 발생함으로써 위기를 맞이한다는 것이 마르크스 경제학의 핵심이다.

투자 증가	이윤율 저하
불변자본(생산수단)에 대한 투자 비율↑ 가변자본(노동력)에 대한 투자 비율↓	잉여가치 비율인 이윤율 감소

》 이윤 증가를 위한 생산규모 확대 》 과잉생산

》 공황 》 노동자 계급투쟁 격화 》 자본주의 붕괴

지금까지 살펴보았듯이 마르크스는 역사를 물질적 생산 활동을 중심으로 인식하면서 생산력이 증가하고 자유가 확대되는 방향으로 역사가 발전한다고 주장했다. 역사는 일정한 발전 법칙이 존재하며, 진보의 방향으로 나아간다는 것이다. 이러한 법칙주의와 진보주의 관점은 칸트와 헤겔로 이어지는 독일의 계몽주의적 역사관을 계승한 것이다. 특히 마르크스는 헤겔로부터 변증법을 적극적으로 수용하여 역사를 변증법적 관점에서 이해했다. 그러나 역사의 원동력, 역사 발전의 목표, 사회 변화의 방법 등에 대해서는 칸트나 헤겔과는 다른 입장을 취하고 있다. 칸트와 헤겔은 '이성' 또는 '절대정신'을 역사 발전의 원동력으로 보는 '관념론적 역사관'을 주장했지만, 마르크스는 물질적 생산 활동을 역사 발전의 원동력으로 보는 '유물론적 역사관'을 주장했다. 또한 마르크스는 사적 소유가 철폐되고 자유로운 노동을 통해 자아실현이 가능한 공산주의를 역사 발전의 목표로 제시했으며, 이러한 사회의 변화는 혁명적 방법을 통해 가능하다고 주장했다.

만남 5

마르크스, 세상의 변혁을 꿈꾸다

**만국의
프롤레타리아여,
단결하라!**
마르크스의 사회주의 사상

마르크스의 사회주의 사상은 사회주의 또는 공산주의 사회를 건설하기 위한 방법에 대해 다루고 있는데, 그는 자신의 이론을 '과학적 사회주의'라고 부른다. 마르크스는 생시몽$^{Comte\ de\ Saint-Simon,\ 1760\sim 1825}$, 푸리에$^{Charles\ Fourier,\ 1772\sim 1837}$, 오언$^{Robert\ Owen,\ 1771\sim 1858}$ 같은 프랑스와 영국의 초기 사회주의 사상가들의 이론을 비판적으로 수용하여 자신의 사회주의 사상을 체계화했다. 그의 사회주의 사상을 혁명의 방법론과 공산주의 사회이론으로 나누어 살펴보자.

사회주의 혁명의 방법

고대부터 많은 사상가와 철학자들이 새로운 이상 사회를 그려 보거나 이상 사회를 건설하기 위한 방안을 제시했다. 예를 들면 플라톤$^{Platon,\ BC\ 429?\sim 347}$은 《국가^{Politeia}》에서, 토머스 모어$^{Thomas\ More,}$

1477~1535는 《유토피아Utopia》(1516)에서 자신들이 추구하는 이상 사회의 모습을 나름대로 보여주고 있다. 또한 새로운 이상 사회는 공산주의가 되어야 한다고 주장하는 사상가들도 있었는데, 그들은 사적 소유와 계급이 철폐되어 모든 사람들이 자유롭고 평등하게 사는 공산주의적 공동체를 추구했다. 19세기에 활발하게 활동했던 생시몽, 푸리에, 오언 같은 초기 사회주의자들이 이에 해당된다.

그러나 마르크스는 이들이 사회주의 사회를 건설하기 위한 현실적 방안을 제대로 인식하지 못했다고 비판하면서 이들을 '공상적 사회주의자'라고 불렀다. 그는 사회주의가 평화적이고 점진적인 방법이 아니라 물리력을 동원한 급진적 방법을 통해 건설될 수 있다고 주장했다. 다시 말해 '혁명'을 통해서 사회주의 사회를 건설할 수 있다는 것이다. 그리고 사회주의 혁명에서 중심이 되어야 하는 세력은 노동자 계급이라고 말하며 프롤레타리아트 혁명을 주장했다. 그는 자신의 주장이 사회주의를 건설하기 위한 현실적이면서도 과학적인 방법이라고 보면서 자신의 이론을 '과학적 사회주의'라고 불렀다.

마르크스는 한 사회가 다른 사회로 바뀌는 과정에서 사회 혁명을 겪는데, 이런 혁명은 일정한 물질적 조건이 갖추어져야 가능하다고 주장했다. 그에 따르면 역사의 발전 과정에서는 수많은 대립과 갈등이 있게 마련인데, 이것이 기존 질서를 완전히 전복하는 혁명으로 발전하기 위해서는 사회적·물질적 조건이 성숙되어야 한다. 이런 사회적·물질적 조건에는 생산력의 발전과 혁명적 대중 등이 속한다. 혁명이 발생하기 위해서는 상당한 정도로 생산력이 발전하여 그것이 기존의 생산관계와 모순을 일으켜야 하며, 그로 인해 새로운 생산관계를 요구해야 한다. 즉, 경제적 모순이 심화되어야 한다. 그리고 이러한 생산력의 발전 과정과 이에 따른 경제적 모순의 심화 과정에서 억압과 착취를 받는 대중들이 적극적으로 혁명 활동에 뛰어들어야 한다. 즉, 기존 질서에 대항하는 혁명적 대중이 존재해야 한다. 만약 이런 조건이 갖추어지지 않은 상태에서 단지 이념만을 앞세워 혁명을 일으킨다면, 그것은 아무런 성과도 거두지 못하고 실패할 수밖에 없다. 이처럼 혁명이 발생하기 위해서는 '경제적 모순의 심화'라는 객관적 조건과 '혁명적 대중의 형성'이라는 주체적 조건이 함께 갖추어져야 한다.

혁명의 원인이 되는 생산력과 생산관계의 모순은 자본주의 사회에서는 사회적 생산과 사적 소유 사이의 모순이라는 형태로 드러난다. 자본주의 사회에서는 생산이 광범위한 사회적 분업과 협동을 통해 이루어지지만, 생산수단의 소유는 소수의 자본가에게 집중되어 있기 때문에 경제적 모순과 더불어 사회적 갈등과 대립이 발생한다. 자본이 축적되고 자본주의 경제가 발달할수록 사회적 생산과 생산수단의 사적 소유 사이에는 분열과 대립이 심화되며 이로 말미암아 혁명의 조건이 만들어진다.

거대한 자본을 바탕으로 한 대공업은 자연 발생적인 생산방식에서 벗어나 인위적인 분업과 기계적 생산방식을 도입함으로써 생산력을 비약적으로 발전시킨다. 그러나 이런 생산력의 발전은 사적 소유라는 자본주의적 생산관계와 대립한다. 자본주의 초기 단계에서는 자본주의적 생산관계가 봉건제와 같은 다른 생산관계보다 대공업의 생산력을 발전시키는 데 유리한 조건이었지만, 대공업의 생산력이 더욱 발전하면 자본주의적 생산관계가 오히려 장애가 된다. 때문에 기존의 자본주의적 생산관계를 폐기하고 그 대신에 발전된 생산력에 상응하는 새로운 생산관계, 즉 사회주의적 생산관계를 확립하려는 공산주의 혁명의 시기가 다가온다.

공산주의 혁명이 발발하기 위해서는 경제적 모순의 심화와 더불어 혁명적 노동자 계급이 형성되어야 한다. 자본주의 사회에서 발생하는 착취와 소외 같은 문제를 해결하기 위해서는 생산수단을 소유하지 못한 다수의 빈곤한 노동자들이 하나의 계급을 형성해야 한다. 또한 이 노동자 계급이 자본주의 질서에 불만을 갖고 대립하고 저항해야 한다. 이런 조건은 자본주의의 생산력이 아주 높을 때 마련된다. 생산력이 크게 발달할수록 노동자와 자본가로의 계급 분화가 진척되어 인구의 대부분이 노동자 계급에 편입된다. 또한 노동자에 대한 억압과 착취가 강화되어 노동자 계급의 빈곤화가 심화된다. 이때 노동자 계급은 이와 같은 억압과 착취, 소외를 극복하기 위해 공산주의 혁명운동에 참여한다.

마르크스는 공산주의 혁명의 주체 및 방법의 문제와 관련하여 프롤레타리아 계급이 중심이 되는 세계적 차원의 혁명을 주장했다. 우선, 공산주의 혁명의 주체 문제와 관련하여 그는 프롤레타리아 계급이 가장 혁명적인 의식을 갖고 있을 뿐만 아니라 또한 혁명을 성공시킬 수 있는 역량도 갖고 있다고 보았다. 프롤레타리아 계급은 자본주의 사회에서 아무런 이익도 향유하지 못한 채 그 사회의 모든 짐을 도맡아 지고 있다. 이들은 생산수단을 소유하고 있지 못하기 때문에 생계를 유지하기 위해서는 자신의 노동력을 자본가 계급에게 팔아 임금을 받아야 한다. 따라서 자본가 계급에 비해 불리한 위치에 있다. 때문에 임금 노동의 과정에서 노동자 계급은 착취와 억압을 당하고 경제적 궁핍과 소외를 겪는다. 바로 이러한 이유 때문에 노동자 계급은 자본주의 질서에 가장 대립적이고 저항적인 세력이 되어 강력한 혁명 의식을 갖는다. 마르크스와 엥겔스는 《공산당 선언》에서 "프롤레타리아가 혁명에서 잃을 것이라고는 쇠사슬뿐이요, 얻을 것은 세계 전체다"라고 하면서 노동자 계급은 그 본성상 혁명을 두려워하지 않고 적극적으로 혁명운동에 참가한다고 주장했다. 프롤레타리아가 해방되어 인격적 존재로 인정받기 위해서는 자본주의적 생산 방식을 부정하는 공산주의 혁명을 추구할 수밖에 없다는 것이다.

또한 프롤레타리아 계급은 자본주의 사회에서 그 수가 가장 많은 최대 세력으로서 다른 계급들과의 연대를 주도한다. 자본주의가 발달하면 사람들은 생산수단을 소유한 자본가 계급과 생산수단을 소유하지 못한 노동자 계급으로 점차 분화된다. 시장의 경쟁에서 패배한 소농이나 소경영자들은 노동자 계급으로 전락하며, 반면에 경쟁에서 승리한 사람들은 생산 규모를 더욱 확대하여 대자본가가 된다. 치열한 경쟁과 이로 인한 계급의 양극화 현상으로 점차 자본가 계급은 소수가 되고 노동자 계급은 다수가 된다. 대공업에 의해 생겨난 프롤레타리아 계급은 보편적인 인간 해방을 추구하는 가장 혁명적인 세력이기 때문에 공산주의 혁명의 선봉에 선다. 또한 동일한 노동 조건과 물질적 이해관계를 갖고 있기 때문에 다른 계급에 비해 훨씬 더 조직적인 세력으로 성장한다.

한편 대공업에 편입되지 못하고 그 주변에 있는 노동자들도 프롤레타리아 계급과 마찬가지로 매우 열악한 처지에 있기 때문에 혁명적인 성향을 지니며 공산주의 혁명에 동조한다. 따라서 노동자 계급이 중심이 되고, 억압과 착취를 받는 다른 대중들이나 주변 계급들이 이에 연대하는 방식으로 공산주의 혁명은 발생한다. 이처럼 프롤레타리아 계급은 사회에서 다수를 차지할 뿐만 아니라 혁명 의식도 투철하기 때문에 공산주의 혁명에서 주도적 역할을 담당한다.

마르크스는 공산주의 사회를 건설하기 위해서는 프롤레타리아 계급이 주체가 되어 점진적 개선이 아닌 '혁명'을 일으켜야 한다고 주장했다. 자본주의에서는 지배 계급인 자본가 계급이 사회의 모든 분야를 장악한다. 자본가 계급은 물질적 토대에서 노동 과정과 노동 생산물에 대한 통제력을 갖고 있을 뿐만 아니라, 상부구조에서도 법과 국가 같은 사회제도와 이데올로기, 사상 같은 사회의식도 지배한다. 따라서 지배 계급을 타도하고 공산주의 사회를 건설하기 위해서는 점진적 방법이 아니라 급진적이고 혁명적인 방법이 요구된다. 만약 점진적 방법을 통해 공산주의 사회를 건설하려고 시도한다면, 이렇게 막강한 힘을 갖고 있는 지배 계급의 저항에 막혀 실패할 수밖에 없다.

자본주의 사회를 타파하고 공산주의 사회를 건설하는 혁명 과정에서 과도기적으로 프롤레타리아트 독재가 필요하다. 마르크스는 초기에는 프롤레타리아트 독재 이론을 주장하지 않았으나

1871년 프랑스에서 발생한 파리코뮌Commune de Paris을 겪으면서 이 이론을 주장했다. 자본주의 국가의 잔재 위에서 모든 계급 차별을 철폐하기 위해서는 프롤레타리아 계급의 독재가 필수적이라는 것이다. 프롤레타리아 계급은 공산주의 혁명을 일으킨 이후에 자본가 계급을 비롯한 기존의 지배 계급에 대항하여 혁명

> **:: 파리코뮌**
> 프로이센과의 보불전쟁에서 프랑스가 패한 후, 휴전에 반대한 파리 시민과 노동자들이 수립한 혁명적 자치정부. 1871년 3월 28일 파리를 장악한 이들은 5월 21일 '피의 일주일'이라고 불리는 정부군의 진압작전에 의해 와해되었다. 이 진압작전으로 인해 파리 시민 3만여 명이 사망했다.

적 독재를 실시함으로써만 혁명을 유지할 수 있다. 이는 자본가 계급이 기득권을 유지하기 위해 권력과 자본, 언론 등 온갖 수단을 동원하여 반혁명을 시도하기 때문이다. 따라서 기득권 세력을 해체하기 위해서는 일정 기간 동안 그들의 권리를 박탈하고 그들의 힘을 억압하는 독재가 요구된다. 러시아 혁명가 블라디미르 레닌Vladimir Lenin, 1870~1924도 이런 주장을 계승하여 민주주의와 독재에 대해 이렇게 말했다. 부르주아지 민주주의는 부르주아 계급이 자신들의 이익을 옹호하기 위해서 다른 계급을 배제하고 억압하는 '부르주아지 독재'로 볼 수 있다. 마찬가지로 '프롤레타리아트 독재'는 프롤레타리아 계급이 착취와 억압을 제거하여 계급이 없는 사회를 건설하기 위해 부르주아 계급을 억압하는 것으로서 이것은 '프롤레타리아트 민주주의'라고 볼 수 있다.

이처럼 레닌은 민주주의를 특정한 계급의 이익을 옹호하기 위한 이념이나 도구에 불과한 것으로 간주했다. 그러나 이런 주장은 현대의 사상가들에 의해서 민주주의가 지니고 있는 근본적인

가치나 중요성을 경시하고 있다는 비판을 받기도 한다.

마르크스는 공산주의 혁명이 한 국가가 아니라 여러 국가에서 동시적으로 일어나는 세계 혁명을 통해서만 가능하다고 주장했다. 생산력의 발전과 더불어 보편적 교류가 확대되고 이로 인해 세계 곳곳에서 노동자 계급이 형성되는데, 이들은 동일한 노동 조건과 경제적 이해관계 때문에 국제적 차원에서 연대 의식을 갖는다. 이런 바탕 위에서 생산력이 발전하고 보편적 교류가 활성화된 여러 선진국들이 동시적으로 혁명을 일으키면 혁명은 성공할 수 있다. 공산주의 혁명은 영국, 미국, 프랑스, 독일 등의 모든 선진국에서 동시에 일어난다.

생시몽, 푸리에, 오언 같은 초기 사회주의자들은 소규모 형태의 공산주의 공동체를 세워서 이것을 점차 확산시키면 공산주의 사회가 성립될 수 있다고 보았다. 그러나 마르크스는 이런 공산주의는 '지역적'이기 때문에 자본주의적 시장과 교류가 확대되면 붕괴할 수밖에 없다고 말했다. 따라서 공산주의는 생산력이 발전하여 프롤레타리아트가 대량으로 산출된 선진 자본주의 국가에서 동시에 혁명을 일으킬 때만 가능하다. 그리고 공산주의 혁명의 주체로서 프롤레타리아트는 지역적 편협성을 탈피하여 세계사적인 보편적 경험을 공유해야 한다. 때문에 마르크스는 《공산당 선언》 마지막 구절에서 "만국의 프롤레타리아여! 단결하라"고 외쳤다. 트로츠키 Leon Trotskii, 1879~1940* 도 이런 세계 혁명의 관점을 수용하여 자본주의가 발달한 공업 선진국들을 중심으로 세계적 차원에서 혁명이 이루어진다는 영구 혁명론을 주장했다.

공산주의 사회의 모습

마르크스는 사회주의와 공산주의라는 용어를 특별히 구분하지 않고 거의 동일한 의미로 사용했다. 하지만 그는 한때 사회주의보다는 공산주의라는 용어를 더 선호하여 1848년에 출판된 책에 《공산당 선언》이라는 제목을 붙였는데, 거기에는 다음과 같은 이유가 있었다. 그 당시 점진적인 사회 변화를 추구하던 오언, 푸리에 같은 지식인들이 자신들의 사상을 '사회주의'라고 불렀던 반면에 근본적인 사회 변혁을 추구하던 노동자들은 자신들의 사상을 '공산주의'라고 불렀다. 그래서 그 시절에 '사회주의'는 부르주아 운동을, '공산주의'는 노동운동을 의미했다. 이런 사회적 배경 때문에 노동자 계급이 주체가 된 급진적 혁명을 추구하던 마르크스는 사회주의라는 명칭보다는 공산주의라는 명칭을 선호했지만, 나중에는 두 개념을 특별히 구분하지 않고 함께 사용했다.

:: 트로츠키

러시아의 공산주의 이론가, 혁명가. 마르크스주의 운동에 참가하여 체포되고 투옥된 뒤 시베리아로 유배되었다. 러시아 혁명 후 외무 인민위원이 되었으나 레닌이 죽은 뒤 스탈린에게 권력을 빼앗기고 추방당했다.

마르크스는 자본주의가 공산주의로 이행하는 과정에서 두 가지 단계를 거친다고 주장했다. 낮은 단계의 사회주의 또는 공산주의에서는 프롤레타리아트 독재와 노동에 따른 분배가 이루어지지만, 높은 단계에서는 모든 계급이 사라지고 생산력이 증가하여 필요에 따른 분배가 이루어진다는 것이다. 그러나 이후의 레닌을 비롯한 다른 사회주의자들은 이 두 개념을 구분하여, 자본주의 사회에서 공산주의 사회로 이행해가는 과도기적 단계, 즉 낮은 단계를 '사회주의'라고 부르고, 높은 단계를 '공산주의'라고 부르기도 했다.

마르크스는 자본주의를 폐지하고 사회주의 또는 공산주의를 건설할 것을 주장하지만 공산주의 사회의 모습에 대해서는 구체적인 설명을 하지 않았다. 그는 주로 자본주의의 문제점을 비판하는 데 관심을 쏟고, 공산주의 사회의 구조와 운영 원리를 적극적으로 제시하는 데는 큰 관심을 기울이지 않았다. 그렇지만 여러 저서들에 단편적으로 언급되어 있는 내용들을 근거로 그가 추구했던 공산주의 사회의 구조와 운영 원리를 파악할 수 있다.

공산주의의 가장 중요한 사회 원리는 '사적 소유의 폐지'다. 기존의 혁명이나 개혁은 사적 소유와 이에 바탕을 둔 계급 구조를 유지한 채 분배의 방식만을 문제 삼았다. 누가 잉여 생산물을 소유하고, 지배 계급이 될 것인지에만 관심을 가졌으며, 혁명을 통해 단지 잉여 생산물을 소유하는 지배 계급의 교체만 있을 뿐이었다. 이에 비해 공산주의 혁명은 사적 소유를 바탕으로 한 자본주의적 노동 형태와 더불어 계급관계도 완전히 폐지함으로써 근본적인 변화를 일으킨다. 고대 노예제, 중세 봉건제, 근대 자본주의는 생산 방식에서는 차이가 있지만 공통적으로 사적 소유와 계급관계를 기반으로 하고 있는데, 공산주의는 이런 사적 소유와 계급관계를 완전히 폐지함으로써 역사의 새로운 장을 연다. 생산수단의 사적 소유가 인정되는 자본주의 사회에서는 노동 소외 때문에 노동 생산물이 '낯선 힘'으로 노동자에게 대립하면서 오히려 노동자를 지배하는데, 사적 소유가 폐지된 공산주의 사회에서는 인간에게 대립되었던 이와 같은 '낯선 힘'이 사라짐으로써 노동 소외가 극복된다. 사유 재산을 기반으로 하던 억압과 착취가 사라지고 인간 해방이 성취되는 것이다. 사적 소유가 폐지되고 그 대신에 공동체적 소유가 들어섬으로써 개인들은 생산수단을 자유롭게 활용하고 나아가 자신의 생산물도 마음대로 향유할 수 있으므로 자신의 능력을 전면적으로 발휘하여 자아를 실현할 수 있다.

'분업의 철폐'도 공산주의의 중요한 원리다. 사회가 발전하는 과정에서 강화되는 분업은 노동 소외나 계급적 대립 같은 여러 문제를 일으키므로 철폐해야 한다. 마르크스는 《독일 이데올로기》에서 분업이 철폐된 공산주의의 모습을 다음과 같이 묘사한다.

> 아무도 배타적 영역을 갖지 않고 각자가 자신이 원하는 분야에서 스스로를 도야할 수 있는 공산주의 사회에서는 사회가 전반적인 생산을 조절하기 때문에, 사냥꾼, 어부, 양치기, 혹은 비판가가 되지 않고서도 내가 마음먹은 대로 오늘은 이것을, 내일은 저것을, 즉 아침에는 사냥을, 오후에는 낚시를, 저녁에는 목축을, 밤에는 비판을 할 수 있다.

공산주의에서는 분업을 지양하고 사회가 생산과정 전체를 조절할 수 있기 때문에 개인들은 자신이 원하는 일을 자유롭게 선택할 수 있다. 개인이 특정한 직업이나 활동 영역에 제한될 필요가 없는 것이다. 그러므로 자신이 원하는 분야에서 자신의 능력을 개발하고 자기 발전을 추구할 수 있으며, 분업에 노예처럼 종속되는 것이 사라지고 이와 함께 정신노동과 육체노동의 대립도 사라진다.

'높은 생산력'은 공산주의에 필수적이다. 공산주의 혁명은 생산력이 높은 선진 자본주의 사회에서 발생한다. 그리고 혁명을 통해 확립된 새로운 공동체적 소유관계는 생산력의 발전을 촉진한다. 따라서 이러한 생산력의 발전은 공산주의를 유지하기 위한 필수 조건이다. 사적 소유를 지양하더라도 생산력이 크게 발전하지 않으면, 궁핍 때문에 분배를 둘러싼 갈등과 대립이 다시 발생한다. 생산력이 낮은 단계에서는 개인들이 단지 신체적 욕구를 충족시키기 위한 노동에만 매달리게 되어 자유롭고 창의적인 노동을 할 수 없다. 생산력이 높은 단계에 도달해야 노동이 단지 생계를 유지하기 수단이 아니라 자신의 능력과 개성을 발휘하는 계기가 된다.

공산주의에서는 '세계적 차원의 보편적 교류'도 확대된다. 높은 생산성과 더불어 지역을 뛰어넘는 보편적 교류는 공산주의 혁명의 전제 조건이다. 왜냐하면 공산주의는 지역적인 형태로는 불가능하며, 세계적인 형태로서만 존재할 수 있기 때문이다. 세계적 차원의 보편적 교류를 바탕으로 국제적 연대가 형성된 이후 각국에서 동시에 혁명이 발발해야 공산주의 혁명은 성공할 수 있다. 프롤레타리아 계급은 지역적 편협성을 극복하고 세계사의 경험을 공유한 보편적 존재로 성숙하며, 인류가 창출한 세계의 모든 생산력을 함께 공유할 수 있다. 그것은 사적 소유와 계급의 철폐로 인해서 착취와 억압이 사라질 때 개인들이 전면적으로 상호 의존하는 세계적 차원의 협동이 가능하기 때문이다. 사적 소유가 인정되는 자본주의 사회에서는 계급과 계급, 국가와 국가의 대립 때문에 세계적 차원의 협동이 불가능하지만, 공산주의 사회에서는 계급으로 인해 발생하는 대립과 갈등이 사라지기 때문에 세계적 차원의 협동이 가능하다. 그래서 공산주의 사회에서 해방된 개인들은 세계적 협동의 산물들을 함께 공유하고 활용할 수 있다.

공산주의는 '계획적 생산'을 실시한다. 마르크스는 초기에는 주로 인간 소외의 관점에서 자본주의의 문제점을 비판했지만, 후기에는 공황과 같은 무정부적 생산의 문제점도 함께 지적했다. 산업혁명으로 말미암아 기계제 대공업이 발전하면서 생산력이 크게 향상되고, 이 과정에서 상품이 과잉 생산되기 때문에 공황이 발생한다. 공황이 주기적으로 반복되면 문을 닫는 공장이 증가하여 생산력이 급격히 감소하고, 일자리를 잃게 된 노동자들이 극심한 빈곤에 시달리는 등 사회 전반에 걸친 혼란이 발생한다. 따라서 경제적 혼란의 문제를 극복하기 위해서는 공산주의 혁명을 통해 생산수단의 사적 소유를 철폐해야 한다. 공산주의에서는 사적 소유의 철폐로 인해 생산수단이 공동 소유가 되며, 따라서 생산수단을 계획적이고 조직적으로 활용할 수 있다. 자본주의에서는 생산수단을 소유한 개별 기업가들이 더 많은 이윤을 확보하기 위해 지나친 경쟁을 벌이기 때문에 과잉 생산이나 공황 같은 무정부적 생산이 이루어지지만, 공산주의에서는 사회가 생산수단을 소유하면서 생산과 유통, 분배를 통제하기 때문에 이런 혼란스러운 무정부적 생산을 막을 수 있다. 생산수단의 사회적 소유와 계획적 생산은 공황으로 인한 생산물의 낭비를 막고 나아가 생산력을 더욱 발전시킬 수 있는 사회적 조건을 마련해준다.

공산주의는 '필요에 따른 분배'를 실시한다. 기존 사회에서는 생산력의 수준이 낮기 때문에 생필품을 차지하기 위한 경쟁이 발생하지만, 공산주의 사회에서는 높은 생산력으로 말미암아 생필품이 충분히 공급되어 분배 문제가 발생하지 않는다. 특히, 사적 소유의 폐지에 의해 생산수단을 공동으로 소유하므로 공동의 이익을 위한 생산과 분배가 이루어진다.

낮은 단계의 공산주의에서는 개인의 노동량에 따라 재화를 분배해야 한다. 이 단계는 자본주의로부터 생겨난 지 얼마 되지 않았기 때문에 여전히 경제적, 도덕적, 정신적인 면에서 낡은 사회의 흔적을 지니고 있다. 아직도 생산력의 수준이 낮고, 개인들도 소유욕과 경쟁 같은 자본주의적 삶의 태도를 지니고 있기 때문에 개인의 노동량에 따라 재화를 분배할 수밖에 없다. '노동에 따른 분배', 즉 일한 만큼 분배하는 방식이 시행된다. 이런 분배 방식은 노동에 대한 개인의 사적 권리를 인정한 것으로서 한계를 지닌다. 예를 들면 노동의 양에 따라 재화를 분배하기 때문에 부양가족이 많은 노동자는 그렇지 않은 노동자에 비해 생계를 꾸려가기 힘들다. 하지만 공산주의가 높은 단계에 도달하면 이런 분배 방식은 사라지고 필요에 따른 분배가 시행된다. 분업이 폐지되고, 노동이 삶의 1차적 욕구가 되며, 개인의 전면적 발전과 함께 생산력이 높은 수준으로 발전하여 부가 흘러넘친다. 이런 조건에서는 협소한 사적 권리를 바탕으로 하는 '노동에 따른 분배'를 넘어서서 '필요에 따른 분배'가 가능하다. 개인들은 자신의 노동량이 아니라 자신의 욕구와 필요에 따라 재화를 분배받는다. 착취와 억압이 사라져 개인이 자신의 고유한 능력을 여러 방면에서 발휘할 수 있고 생산력이 높은 수준으로 발전하여 개인들이 기본적인 욕구를 충족시킬 수 있을 만큼 재화가 풍부하게 생산되기 때문에, 더 이상 노동이나 기여 정도에 따라 자신의 몫을 요구할 이유가 없으며 필요에 따라 분배하면 된다. 노동은 단지 소유권을 확보하기 위한 계기가 아니라 자신의 소질과 개성을 발휘하여 자아를 실현하는 활동이 된다.

공산주의는 생산이나 사회관계에 대한 의식적 지배와 통제가 가능한 '자유의 왕국'이다. 자본주의에서는 상품과 자본, 시장의 힘이 개인을 지배하고 통제함으로써 개인은 여기에 종속될 수밖에 없다. 이에 비해 공산주의 사회에서는 사유 재산이 폐지됨으로써 이런 힘들에 대한 사회적 통제가 가능하며 이로 말미암아 인간 소외도 지양된다. 인간에게 낯선 힘으로 맞서면서 인간을 지배해왔던 힘들을 이제 의식적으로 지배하고 통제할 수 있다. 공산주의 사회에서는 외부의 힘보다는 개인의 자발적인 힘이나 의지가 더 많은 영향을 미친다. 또한 자연 발생적인 힘보다는 자발적이고 의식적인 활동이 더 큰 영향력을 발휘한다. 객관적인 생활 조건이나 사회 법칙을 이제 인간이 스스로 지배하고 통제할 수 있으며, 스스로 역사를 창조할 수 있다. 엥겔스는 이것을 '필연의 왕국으로부터 자유의 왕국으로 인류의 비약'이라고 불렀다. 사회제도와 조직을 인간이 자유롭게 통제하고 이용할 수 있다는 점에서 공산주의는 '자유의 왕국'이라는 것이다.

공산주의는 계급과 국가가 폐지된 '자유로운 개인들의 연합체'다. 공산주의 혁명은 사적 소유 때문에 발생한 노동 소외를 극복할 뿐만 아니라 계급 자체를 폐지한다. 혁명의 주체인 프롤레타리아 계급은 사회의 모든 모순을 안고 있기 때문에 프롤레타리아의 해방은 모든 인간의 해방이며 계급 자체의 해방이다. 기존의 공동체에서 개인들은 특정 계급의 구성원으로 참여하여 서로 관계를 맺었지만, 공산주의 공동체에서는 자유로운 개인으로 참여하여 관계를 맺는다. 따라서 공산주의 공동체는 자유로운 개인들의 연합체다. 기존의 공동체에서는 인격적 자유가 지배 계급에게만 주어졌기 때문에 피지배 계급은 자유롭지 못하다. 이 공동체는 피지배 계급에게는 진정한 공동체가 아니라 공상적 공동체에 불과하며 개인의 발전에 장애가 된다. 따라서 공상적 공동체로서 국가를 타파해야 한다. 그동안 국가는 특정 계급의 이익을 옹호하면서 계급 지배의 도구로 기능했기 때문에 국가를 폐지해야 한다. 계급이 사라지는 공산주의에서 국가는 불필요하다. 다만, 사회주의 혁명의 초기에는 낡은 자본가 계급의 반항을 억제하기 위한 프롤레타리아트 독재 국가가 필요하다. 그러나 높은 단계의 공산주의에서 국가는 불필요하며 그 대신에 생산과 분배를 통제하고 계획하기 위한 행정 조직은 필요하다. 프롤레타리아 혁명을 거친 이후 공산주의가 더욱 발전하면 계급적 차이도 점차 사라지고 이에 따라 특정 계급의 이익을 옹호하는 국가도 사라진다. 국가가 진정으로 사회 전체의 이익을 대표하므로 사회관계에 대한 국가 권력의 간섭은 점차 불필요하며 결국 국가는 소멸한다.

이처럼 억압과 착취, 소외가 사라지고 사적 소유의 철폐, 분업의 폐지, 높은 생산력, 세계적 차원의 교류, 계획적 생산, 필요에 따른 분배, 자유의 왕국, 자유로운 개인들의 연합체라는 특성을 지닌 해방된 공동체가 바로 마르크스가 이상적으로 생각한 공산주의 사회이다.

20세기를 뒤흔든 마르크스주의

마르크스와 엥겔스가 완성한 마르크스주의는 19~20세기 인류의 지성사와 실천적 활동에 막대한 영향을 주었다. 마르크스주의는 사회적 평등과 노동 해방, 인간 해방을 추구하는 노동운동과 사회주의 운동의 이론적 지주가 되었다. 유럽과 아시아, 남아메리카를 비롯한 전 세계 대부분의 노동운동과 사회주의 운동은 마르크스주의를 수용하여 자신들의 이념적 지표로 삼았으며, 그 결과 마르크스주의는 진보 세력을 대변하는 상징적 이념으로 자리를 잡았다. 레닌이 주도한 러시아 볼셰비키 정당은 1917년 10월 혁명을 통해 사회주의 정권을 세웠으며, 마오쩌둥毛澤東, 1893~1976이 주도한 중국의 공산당도 장기간의 투쟁을 통해 1949년 사회주의 정권을 세웠다. 이 외에도 동부 유럽을 비롯하여 베트남, 북한, 쿠바 등 세계 각국에서 마르크스주의를 수용한 정당이나 정치 세력이 집권하면서 20세기 중반에는 세계의 절반에 가까운 국가들에서 사회주의 정권이 수립되기도 했다.

20세기 초반까지 마르크스주의는 제2인터내셔널(국제노동자협회)을 중심으로 계승되었는데, 제1차 세계대전과 러시아 혁명을 거치면서 제2인터내셔널이 붕괴되자 마르크스주의도 분열을 겪으면서 다양한 사상적 조류를 형성했다. 그 대표적인 것이 소련을 중심으로 한 소위 '정통 마르크스주의'와 서부 유럽을 중심으로 한 '서구 마르크스주의'다. 카우츠키 Karl Kautsky, 1854~1938와 레닌 같은 이른바 정통 마르크스주의자들은 프롤레타리아트가 주체가 된 급진적 혁명을 통해 사회주의 국가를 건설해야 한다고 주장한 반면에 서구 마르크스주의자나 사회민주주의 정당은 선거에 의한 점진적 개혁을 통해 사회주의 국가를 건설해야 한다고 주장했다. 이외에도 마르크스주의 진영 내부에는 다양한 정치적 노선이나 철학적 입장들이 등장했다.

20세기 초반 독일 사회민주당의 지도자였던 에두아르트 베른슈타인 Eduard Bernstein, 1850~1932*은 경제적 위기가 심화되면 자연스럽게 노동운동이 활성화되어 혁명이 발발할 것이라고 주장했는데, 이런 입장을 경제주의라고 한다. 공황, 실업자의 증가, 빈곤의 심화와 같은 객관적 조건이 갖춰져야 노동자들이 저항 운동에 뛰어들어 혁명이 성공을 거둘 수 있지, 이와 같은 조건이 마련되지 않은 상황에서 단지 주관적인 의지에만 의존한다면 혁명은 실패할 수밖에 없다는 것이다. 폴란드 출신의 로자 룩셈부르크 Rosa Luxemburg, 1871~1919는 이런 입장을 수정주의라고 비판하면서 혁명이 성공하기 위해서는 의식적이고 적극적인 실천

:: 에두아르트 베른슈타인
독일의 정치이론가이자 역사가. 마르크스주의에 비판을 가한 사회주의자. 의회주의의 입장에서 점진적인 사회주의의 실현을 제창했다.

활동이 매우 중요하다고 강조했다. 그녀는 또한 혁명 의식이 강한 소수의 전위로 구성된 정당이 아니라 다수의 노동자가 참여하는 노동자 대중 정당을 건설할 것을 주장했다. 그리고 자본주의 국가가 내부의 경제적 위기를 타개하고 더 많은 이윤을 얻기 위해 다른 국가로 세력을 팽창하려는 성향을 지닌다는 제국주의 이론을 제시했다.

한편 러시아의 레닌은 마르크스의 사상을 바탕으로 독자적인 제국주의 이론을 전개했다. 사회주의 혁명은 영국이나 프랑스 같은 선진 자본주의 국가에서만 발생하는 것이 아니라 제국주의 국가에 의해 착취 당하는 식민지나 후진 자본주의 국가에서도 발생할 수 있다는 것이다. 또한 그는 노동자 대중 정당은 혁명 의식이 약한 대중들에 의해 잘못된 방향으로 나갈 수 있다고 비판하면서, 혁명 의식이 강한 소수의 혁명 세력이 전위 정당을 건설하여 노동자 대중을 올바른 방향으로 이끌어야 한다고 주장했다. 러시아의 트로츠키는 일국 사회주의 혁명론을 비판하면서 영구 혁명론을 주장했다. 한 국가에서만 사회주의 혁명을 일으킬 경우에 주변의 다른 자본주의 국가들이 그 혁명을 방해하여 결국 실패할 수밖에 없기 때문에, 여러 국가에서 동시에 또는 연속적으로 혁명을 일으켜야 한다는 것이다. 러시아의 혁명을 성공시키는 데에만 모든 역량을 쏟아서는 안 되며, 주변의 다른 국가에서도 혁명이 성공하도록 적극적인 도움을 주어야 한다는 것이다. 그의 영구 혁명론은 그 당시 레닌이나 이오시프 스탈린[Iosif Stalin, 1879~1953]의 입장과 충돌하기도 했다. 스탈린은 우선 러시아 혁명의 성공을 위해 모든 역량을 집중해야 하며, 그런 후에 전초기지로 삼아 다른 국가들의 혁명운동을 도와야 한다고 보았다.

중국의 마오쩌둥은 식민지 반*봉건 사회인 중국에서 공산주의 혁명의 방법을 모색하면서 마르크스주의를 수정하여 독자적인 모순론과 민족주의 이론을 만들었다. 그는 복잡한 사물 속에는 근본 모순이 하나가 아니라 여러 개 존재할 수 있는데, 그 당시 중국 사회는 제국주의와 민족주의 세력 사이의 모순, 그리고 봉건 세력과 민중 사이의 모순이 근본 모순으로 존재한다고 보았다. 또한 모순에는 주요 모순과 부차적 모순이 있는데, 주요 모순은 특정한 단계에서 매우 중요한 문제로 부각되는 모순을 가리키고 부차적 모순은 그렇지 않은 모순을 가리킨다. 1930년대 일본의 침략이 거세진 시기에는 제국주의와 민족주의 세력 사이의 모순이 주요 모순으로 등장했기 때문에 이때는 자본가를 포함한 모든 민족주의 세력이 단결하여 반제 투쟁을 벌이는 것이 가장 중요한 임무가 되었으며, 봉건 세력과 민중 사이의 모순은 부차적 모순이 되기 때문에 군벌이나 봉건 세력과의 투쟁은 일시적으로 유보할 수 있다는 것이다. 때문에 그 당시에 일본 제국주의에 대항하기 위한 국공합작, 즉 국민당과 공산당 사이의 연합이 이루어질 수 있었다.

1960~1970년대 라틴 아메리카에서는 폴 배런[Paul Baran, 1910~1964], 안드레 프랑크[Andre Gunder Frank, 1929~2005] 등이 제국주의 이론의 한계를 지적하면서 종속이론[dependency theory]을 주장했다. 제국주의 이론이 선진 자본주의의 경제적 팽창에 초점을 맞추고 있다면, 종속이론은 후진 자본주의나 주변부의 경제적 위축과 정체에 초점을 맞추고 있다. 종속이론에 따르면 세계 자본주의 체제는 선진

자본주의 국가로 이루어진 중심부와 거기에 종속된 제3세계 국가, 즉 주변부로 구성된다. 중심부의 발달은 기본적으로 주변부에 대한 경제적 착취와 억압을 바탕으로 하고 있다. 중심부는 국제적 분업을 고착시켜 주변부의 경제 발전을 억압한다. 예를 들면 중심부는 많은 이윤을 얻을 수 있는 공업 분야에 집중하고 주변부는 이윤이 적은 농업이나 원료생산 분야에 집중하도록 국제 분업을 유도한다. 이때 주변부의 노동자나 농민은 저임금을 강요받으며, 여기서 생산된 많은 잉여가치는 중심부로 유출된다. 중심부와 주변부의 이런 종속적 관계 때문에 주변부의 경제는 발전하기보다는 오히려 억압당하고 정체된다. 종속이론가들은 라틴 아메리카의 저발전이 바로 이러한 경제적 종속 때문이라고 보았다. 즉, 주변부인 라틴 아메리카가 중심부인 미국 등에 경제적으로 종속되어 있기 때문이라는 것이다. 근래에 미국의 이매뉴얼 월러스틴^{Immanuel Wallerstein, 1930~}은 종속이론을 심화시킨 세계체제론을 주장한다. 근대 자본주의는 하나의 민족 국가를 중심으로 자체적으로 발전한 것이 아니라, 그 출발부터 중심부 국가가 주변부 국가를 착취하는 방식으로 발전했다는 것이다. 즉, 근대 자본주의는 중심부와 주변부의 관계로 구성된 세계 체제를 기반으로 하고 있다는 것이다. 그래서 그는 근대 자본주의의 역사를 연구하기 위해서는 그 기본 단위를 민족 국가가 아니라 세계 체제로 삼아야 한다고 주장한다.

　서구 마르크스주의의 철학적 기반을 다지는 데 결정적 기여를 한 인물은 헝가리 출신의 게오르크 루카치^{Georg Lukács, 1885~1971}이다. 그는 마르크스의 《자본론》을 새로운 시각으로 해석하여 커다란 반향을 불러일으켰다. 그는 마르크스 사상에 내재하는 헤겔주의적 요소를 부각시키면서 사물화, 상품화, 합리화, 소외 등의 개념을 중심으로 현대 자본주의 사회를 분석하고 비판하기 위한 이론적 틀을 마련했다. 사물화와 합리화 개념은 프랑크푸르트학파에 의해 계승되어 현대 산업사회의 상품화와 관료제를 비판하는 핵심 개념으로 자리 잡았으며, 소외론은 장 폴 사르트르[Jean Paul Sartre, 1905~1980]와 아담 샤프[Adam Schaff, 1913~2006] 등에 의해 계승되어 휴머니즘적 마르크스주의를 형성하는 이론적 기반이 된다. 이탈리아의 안토니오 그람시[Antonio Gramsci, 1891~1937]는 상부구조에 속하는 국가, 이데올로기, 문화 등을 집중적으로 분석하면서 상부구조의 자율성을 옹호했다. 역사 발전이나 혁명 과정에서 경제적 토대가 결정적 역할을 한다는 경제결정론을 비판하고, 그 대신에 문화적, 도덕적, 지적 요소 같은 상부구조가 중요한 역할을 한다고 여겼다. 때문에 그는 문화와 이론 분야에서 노동자 계급이 헤게모니를 장악하여 다른 계급을 주도하는 활동을 적극적으로 펼쳐야 한다고 주장했다.

루카치와 그람시의 사상은 1920년대에 형성된 독일 프랑크푸르트학파로 계승되었다. 호르크하이머[Max Horkheimer, 1895~1973], 아도르노, 마르쿠제, 프롬[Erich Fromm, 1900~1980], 하버마스 등이 주축이 된 프랑크푸르트학파는 마르크스주의적 관점을 바탕으로 막스 베버[Max Weber, 1864~1920]의 합리화 이론, 지그문트 프로이트[Sigmund Freud, 1856~1939]의 심리학 이론, 현대 언어학 이론 등을 활용하여 권위주의 국가, 관료제, 문화 산업, 기술적·도구적 합리성, 실증주의, 과학주의 등 현대 사회의 다양한 현상과 문제들을 분석하고 비판했다. 이들은 마르크스주의가 주요 탐구 대상으로 삼았던 경제적 토대에 대한 분석을 넘어서서 정치적, 문화적, 이데올로기적인 상부구조에 대한 분석으로 탐구 영역을 확대함으로써 현대 산업사회의 여러 문제와 병폐를 철학적으로 분석하고 비판하기 위한 이론적 기틀을 마련했다.

반면에 프랑스의 알튀세 Louis Althusser, 1918~1990 는 마르크스의 사상을 헤겔주의적, 휴머니즘적 관점에서 해석하는 견해에 반대하고 그 대신에 구조주의 관점에서 과학주의적 해석을 시도했다. 그는 마르크스의 사상이 전기와 후기로 구분되는데 여기에는 인식론적 단절이 있다고 말한다. 마르크스가 초기에는 헤겔의 영향을 받아 소외 등의 개념을 사용하여 휴머니즘적 관점을 가졌지만, 후기에는 이것을 완전히 버리고 독자적인 과학주의 관점을 확립했다는 것이다. 또한 헤겔의 모순 개념이 단순한 원리에 입각해 있다면 마르크스의 모순 개념은 복합적 원리에 입각해 있다고 보았다. 사회 구조의 복합성 때문에 모순은 단순하거나 일방적이지 않고 다양한 요소와 층위들이 서로 영향을 주고받는 중층 결정의 형태로 되어 있다. 예를 들면 경제적 토대와 정신적 상부구조는 서로를 규정하는 복합적 구조를 이루고 있다는 것이다. 그렇지만 그는 최종적으로는 경제가 결정적 역할을 한다고 보았다.

1970년대 후반에 들어서면서 마르크스주의의 기본 개념과 원리를 엄밀하게 분석하여 그 의미를 명료화하고 체계화하려는 이론가들이 등장했는데, 이들을 분석적 마르크스주의자라고 부른다. 특히 영국의 제럴드 코헨 Gerald Cohen, 1941~ 은 생산력과 생산관계의 상호관계를 인과론적 결정론이 아니라 기능주의적 관점에서 해석했다. 인과론적 결정론은 생산력이 발전하면 그것이 원인이 되어 생산관계가 발전한다고 보는데, 기능주의적 관점은 생산력의 발전에 기능적으로 도움이 되는 방식으로 생산관계가 형성된다고 본다. 또한 생산력이 일방적으로 생산관계를 규정한다고 보지 않고, 생산관계가 생산력의 발전에 적극적으로 기여하는 측면이 있다는 점을 강조했다. 노르웨이 출신의 욘 엘스터 Jon Elster, 1940~ 는 마르크스주의가 과학적 이론이 되기 위해서는 목적론이 아니라 방법론적 개인주의 관점을 가져야 한다고 주장했다. 목적론은 인류의 역사가 인간 해방이나 공산주의와 같은 특정 목적을 향해 나아간다고 보는 입장인데, 문제는 그 근거를 합리적으로 설명할 수 없기 때문에 과학적 설명으로서 한계를 지닌다는 것이다. 이에 비해 방법론적 개인주의는 사회 현상을 설명할 때 개인들의 개별적 행위에서 출발하기 때문에 그 행위의 의도나 근거를 합리적으로 설명할 수 있다는 것이다. 그는 게임이론*과 같은 합리적 선택 이론을 동원하여 개인적 차원에서의 합리적 선택이 사회 전체적으로 어떤 결과를 낳는지를 분석했다.

1980년대에는 노동운동이 쇠퇴하고 그 대신에 여성운동이나 소수자의 인권운동 등이 활발해지자 이러한 다양성을 반영하는 새로운 사회 이론이 계속 등장했다. 예를 들면 아르헨티나 출신의 라클라우 Ernesto Laclau, 1935~ 와 벨기에 출신의 무페 Chantal Mouffe, 1943~ 는 노동자 계급 중심의 변혁 운동을 비판하면서 그람시의 헤게모니 개념을 바탕으로 다양한 주체들이 중심이 된 다원주의적인 변혁 이론을 제안했다. 이들은 노동 착취의 문제가 해결된다고

해서 모든 사회 문제가 해결되는 것은 아니며 여전히 여성 차별이나 인종 차별과 같은 다양한 사회 문제가 남는다고 보았다. 따라서 노동 착취의 문제를 중심으로 노동자 계급이 주도하는 단일한 투쟁 전선만을 중시하는 태도는 옳지 않으며, 여러 종류의 갈등과 투쟁, 주체들을 기반으로 하는 다양한 투쟁 전선을 중시해야 한다고 주장했다. 또한 이런 과정에서 다른 세력들의 지지와 동조를 얻기 위한 헤게모니 획득 투쟁이 중요하다고 강조했다.

지금까지 마르크스의 삶과 유물론 철학, 경제학 이론, 사회주의 혁명 이론, 그리고 그의 사상이 마르크스주의자라는 이름으로 후대에 미친 영향을 살펴보았다. 마르크스는 인류의 역사는 끊임없는 변화와 발전의 과정에 있으며 그것의 원동력은 물질적 생산 활동이라고 보았다. 그는 헤겔의 '변증법'을 적극적으로 수용하여 역사를 비롯한 세계 전체가 끊임없는 변화와 발전의 과정 속에 있다고 보았지만, 역사 발전의 원동력에 대해서는 헤겔과는 다른 입장을 취했다. 헤겔은 '관념론'의 입장에서 이성(절대정신)을 역사 발전의 원동력으로 보지만, 마르크스는 '유물론'의 관점에서 물질적 생산 활동을 역사 발전의 원동력으로 간주했다. 따라서 헤겔의 역사철학을 '변증법적·관념론적 역사관'이라고 부른다면, 마르크스의 역사철학은 '변증법적·유물

::: **게임이론**
경쟁 주체가 상대편의 대처행동을 고려하면서 자신의 이익을 효과적으로 추구하기 위해 수단을 합리적으로 선택하는 행동을 수학적으로 분석하는 이론. 폰 노이만, 모르겐슈테른, 모스 등이 이론적 기초를 마련했으며, 군사학뿐만 아니라 경제학, 경영학, 정치학, 심리학 같은 여러 분야에서 활용되고 있다.

론적 역사관'이라고 부를 수 있다. 하지만 사람들은 두 역사관의 특징을 더 잘 대비시키기 위해 공통적으로 들어가는 '변증법적'이라는 용어를 생략하고 각각을 '관념론적 역사관'과 '유물론적 역사관'으로 부른다.

그의 유물론적 역사관에 따르면 인간은 생존하기 위해서 물질적 생산 활동을 해야 하는데, 이 물질적 생산 활동이 경제적 토대가 되어 정치나 법, 종교, 사상과 같은 상부구조를 결정한다. 즉, 물질적 생산 활동이 사회 구조나 사회적 의식의 형태를 결정한다. 계급이나 계급의식도 경제적 이해관계에 따라 형성된다. 그리고 사회의 변화와 혁명도 이런 물질적 생산 활동의 변화가 원인이 되어 시작된다. 경제적 토대에서 생산력과 생산관계 사이에 대립과 모순이 심화되면 이에 따라 새로운 생산양식이 등장하고, 그 결과 상부구조도 변화를 겪으면서 혁명을 통해 새로운 사회 형태가 등장한다. 그래서 마르크스는 경제적 토대, 즉 생산양식을 기준으로 삼아 인류 역사가 원시 공동체에서 출발하여 고대 노예제, 중세 봉건제, 근대 자본주의를 거쳐 궁극적으로 사회주의 또는 공산주의로 발전한다고 보았다.

이제 마르크스에게 사회 및 역사철학과 관련된 10가지 질문을 던지고 이에 대한 그의 답변을 좀 더 자세히 들어보자.

물질적 토대가 상부구조를 결정한다
사회와 역사에 대한 10가지 질문과 마르크스의 답변

|질문 1| 역사 연구의 바람직한 태도란 어떤 것인가요?

|마르크스| 우리는 사회를 탐구할 때 '역사적 관점'을 가져야 합니다. 어떤 사회를 독립적이고 고정적인 것으로서가 아니라, 끊임없는 변화와 발전의 과정 속에 있는 것으로 고찰해야 합니다. 올바른 학문적 태도는 이와 같은 역사적 관점을 유지하는 것입니다. 자연과학은 자연의 역사를 중시해야 하며, 정신과학 또는 인문사회과학은 인간과 사회의 역사를 중시해야 합니다. 사회는 인간의 실천 활동을 통해서 형성된 '역사적 산물'입니다. 또한 사회는 항상 고정된 형태로 있는 것이 아니라 실천을 통해 변화하는 과정에 있습니다. 현재의 사회는 이전 사회를 기반으로 형성된 것이며 이와 동시에 다음 사회로의 발전을 위한 기반이 됩니다. 이와 같은 역사적 관점을 지닐 때 사회를 제대로 이해할 수 있습니다.

사회와 역사를 연구할 때는 '변증법의 관점'을 적용해야 합니다. 많은 독일 지식인들이 헤겔을 '죽은 개'라고 비판하지만 그것은 옳지 않습니다. 헤겔은 위대한 사상가이며 나는 그의 제자입니다. 변증법이 헤겔의 손에서 신비화되기는 했지만 변증법을 처음으로 체계화한 사람이 바로 헤겔입니다. 헤겔의 관념론에서는 변증법이 거꾸로 서 있습니다. 우리는 이러한 신비한 껍질 속에 들어 있는 변증법의 합리적 핵심을 찾아내어 그것을 똑바로 세워야 합니다. 다시 말해 관념이나 정신이 아닌 물질의 변증법적인 자기 운동과 전개 과정을 파악해야 합니다. 헤겔을 비롯한 독일 고전 철학의 전통은 내 사상

을 형성하는 데 매우 중요한 이론적 원천이 되었습니다. 나의 평생 동지인 엥겔스가 말했듯이 우리는 독일 관념론이 정립한 변증법을 자연과 역사를 유물론적으로 이해하는 데 활용했습니다. 아마 이러한 시도는 우리가 처음일 것입니다.

사회와 역사를 연구할 때는 현실에 기반을 둔 '과학적 태도'를 지녀야 합니다. 우리는 역사를 서술할 때 경험적으로 관찰 가능한 현실에서 출발해야 합니다. 하늘에서 땅으로 내려오는 독일 관념론과는 정반대로 우리는 땅에서 하늘로 올라갑니다. 헤겔이 말한 '절대정신'이나 '세계정신'과 같은 비현실적인 것, 즉 공상적인 것에서 출발하는 것이 아니라 '현실적으로 활동하는 인간'에서 출발해야 합니다. 현실적 인간은 우리가 경험적으로 관찰할 수 있는 존재입니다. 우리는 역사를 서술할 때 이러한 현실적 인간의 삶을 드러내야 합니다. 역사는 추상적인 경험론자의 견해처럼 죽은 사실들의 단순한 집합도 아니고, 관념론자의 견해처럼 상상적인 주체의 사변적 활동도 아닙니다. 역사 연구는 경험적으로 확인할 수 있는 현실, 즉 인간의 실천적 활동에서 출발해야 합니다. 그리고 이렇게 경험적으로 관찰한 내용에서 추상적이고 총괄적인 결론을 이끌어내야 합니다. 현실에 바탕을 둔 추상적 결론은 역사 자료를 정리하는 데 도움이 됩니다.

|질문 2| **역사가 형성되기 위한 전제 조건은 무엇입니까?**

|마르크스| 역사 형성을 위한 제1전제는 '물질적 생산 활동'입니다. 인간이 역사를 만들기 위해서는 우선 생명을 유지할 수 있어야 합니다. 인간의 생존을 위해서는 의복, 음식, 주거지 등이 필요합니다. 따라서 최초의 역사적 행위는 이 욕구들을 충족시키기 위한 생존수단을 생산하는 것입니다. 물질적 생산 활동은 수천 년 전과 마찬가지로 오늘날에도 필요한 역사의 기본 조건입니다.

제2전제는 '새로운 욕구의 창출'입니다. 인간은 생존하기 위해 생산 활동을 해야 하지만, 만약 생존을 위한 기본 욕구의 충족에 만족하여 더 이상 나아가지 않는다면 새로운 변화가 없을 것이고 따라서 역사의 발전도 없을 것입니다. 다시 말해 새로운 욕구가 없다면 똑같은 형태의 생산 활동만이 반복되기 때문에 사회 변화도 일어나지 않겠지요. 그러나 인간은 현재의 욕구 충족에 만족하지 않고 이보다 높은 새로운 욕구를 가지며, 그 결과 새로운 생산 활동이 이루어져 새 역사가 펼쳐집니다.

제3전제는 '사회 구성원의 재생산'입니다. 인간은 생산 활동을 통해서 자신의 생존을 유지할 뿐만 아니라 출산을 통해서 새로운 인간을 만들어내기도 합니다. 그래서 부부관계와 더불어 부자관계가 맺어지고 최초의 사회 형태인 가족이 등장합니다. 사회의 인구가 증가하면 새로운 욕구가 생겨나고 이로 인해 새로운 사회관계가 등장합니다. 때문에 가족 중심의 단순한 사회 형태는 다양한 분업과 협업이 이루어지는 복잡한 사회 형태로 발전합니다.

이러한 물질적 생산 활동, 새로운 욕구의 창출, 사회 구성원의 재생산을 통한 인구의 증가는 역사의 전제이자, 역사 발전의 계기입니다. 이것들은 역사를 형성하는 주요 요소로서 서로 긴밀하게 연관되어 있습니다. 그런데 이 세 가지 전제 조건 중에서도 특히 중심이 되는 것은 물질적 생산 활동입니다. 역사의 주체인 인간이 생존하기 위해서는 우선 의식주를 해결해야 하며 이를 위해서는 물질적 생산 활동이 필수적이기 때문입니다. 그리고 이런 물질적 생산 활동의 확대와 변화에 영향을 주는 것이 새로운 욕구의 창출과 사회 구성원의 재생산입니다.

|질문 3| **역사에는 발전 법칙이 존재하나요?**
|마르크스| 역사에는 일정한 발전 법칙이 존재합니다. 생산 활동은 앞 세대로부터 물려받은 생산력이나 생산관계와 같은 물질적 조건 속에서 이루어집니다. 물론 물질적 조건이 새로운 세대의 실천 활동에 의해 변화되기도 하지만, 앞 세대로부터 물려받은 물질적 조건은 새로운 세대의 생산 활동이나 삶의 방식을 규정하는 역할을 함으로써 그들에게 일정한 성격 및 사회 발전의 방향을 제시합니다. 물질적 조건은 새로운 세대가 자의적으로 선택하거나 변경할 수 있는 것이 아닙니다. 물질적 조건은 독립적인 힘으로 작용함으로써 역사의 발전 방향에 결정적인 영향을 미칩니다. 인간이 환경을 만드는 것처럼 환경 또한 인간과 역사를 만드는 것입니다.
사람들은 생산과정에서 타인과 사회적 관계(생산관계)를 맺는데 이

때 그 생산관계는 사람들의 의지로부터 독립되어 있습니다. 생산관계는 개인이 선택할 수 있는 것이 아니라 역사적으로 주어진 불가피한 조건이며, 바로 이것이 개인의 생산 활동이나 삶의 방식을 규정합니다. 따라서 물질적 조건이 역사의 발전 방향을 규정한다고 할 수 있습니다.

혹자는 우리가 이러저러한 사회 형태를 자유롭게 선택할 수 있다고 생각합니다. 하지만 결코 그렇지 않습니다. 과거부터 축적된 물질적 생산 조건이 사회의 발전 방향을 결정합니다. 구체적 사회 형태는 역사 발전의 자연적이고 필연적인 산물입니다. 사회의 발전 과정은 '자연사적 과정'입니다. 즉, 사회에는 자연 법칙처럼 개인의 의지와는 상관없이 독립적으로 작동하는 사회 법칙이 있으며, 개인들은 이 사회 운동 법칙을 뛰어넘거나 거스를 수 없습니다. 역사에는 필연적인 발전 법칙이 있고 이것은 확고하게 관철됩니다. 예를 들면 자본주의의 발전 과정에서 선진 공업국은 후진 공업국에게 자신의 미래 모습을 보여줍니다. 따라서 우리가 역사의 발전 법칙을 인식하면 사회의 미래 모습을 예측할 수 있습니다. 우리는 역사의 자연적인 발전 단계를 뛰어넘을 수 없으며 그것을 자의적으로 제거할 수도 없습니다. 인류의 역사에는 자연과학의 법칙처럼 필연적 발전 법칙이 존재하며, 우리는 이 법칙을 마음대로 초월할 수 없습니다.

|질문 4| **역사 발전의 원동력은 무엇입니까?**

|마르크스| 역사 발전의 원동력은 물질적 생산 활동입니다. 세계정신

이나 이념과 같은 정신적 힘이 아니라 생산 활동과 같은 물질적 힘이 역사의 발전을 이끕니다.

헤겔은 세계가 이념에 의해 지배된다고 보면서 이념과 정신을 역사의 원동력으로 간주했습니다. 그는 인류의 역사를 '절대정신'의 자기 전개 과정으로 이해합니다. 절대정신이나 이념이 자신의 모습을 끊임없이 현상을 통해 드러낸 것이 바로 역사라는 것입니다. 이런 관념론적 역사관에서는 절대정신이나 이념이 세계를 지배하는 원리입니다. 그러나 이 역사관은 현실과는 거리가 먼 관념적 유희에 불과합니다. 우리는 역사를 연구할 때 현실적인 인간의 삶에서 출발해야 합니다.

물질적 생산 활동은 역사가 존재하기 위한 기본 전제일 뿐만 아니라 역사의 원동력입니다. 인간을 동물로부터 구분시켜주는 최초의 역사적 행위는 정신적 사고가 아니라 생존수단의 생산입니다. 인간은 생산 활동을 통해 자신의 생명을 유지하며, 이 생산 활동을 발전시킴으로써 자신의 삶을 풍부하게 만들고 문화 수준을 향상시킵니다. 생산 활동의 발전 수준이 사회의 발전 단계를 결정하는 것입니다. 따라서 사회의 발전 단계를 평가할 때는 생산 활동의 방식, 즉 생산양식이 가장 중요한 기준이 됩니다.

생산력이 발전하면 이에 따라 생산관계도 발전합니다. 새로운 기계와 기술이 개발되어 생산력이 증대되면 이에 걸맞게 새로운 생산관계가 등장합니다. 물레방아를 이용하던 시대에는 봉건제적 생산관계가 지배했으나, 증기제분기의 발명으로 생산력이 증가하면서 새로운 자본주의적 생산관계가 등장했습니다. 농노를 활용하는 봉건제적 생산관계는 증기제분기 같은 새로운 생산수단을 효과적으로 활용하는 데 장애가 되기 때문에 임금노동자를 활용하는 자본주의적 생산관계가 등장한 것입니다.

물질적 생산 방식의 변화, 즉 생산양식의 변화는 사회의 구조와 제도의 변화를 불러일으킵니다. 봉건제적 생산양식에서는 농노를 억압하고 봉건 영주의 이익을 옹호하기 위한 법과 제도가 만들어졌다면, 자본주의적 생산양식에서는 노동자를 억압하고 자본가의 이익

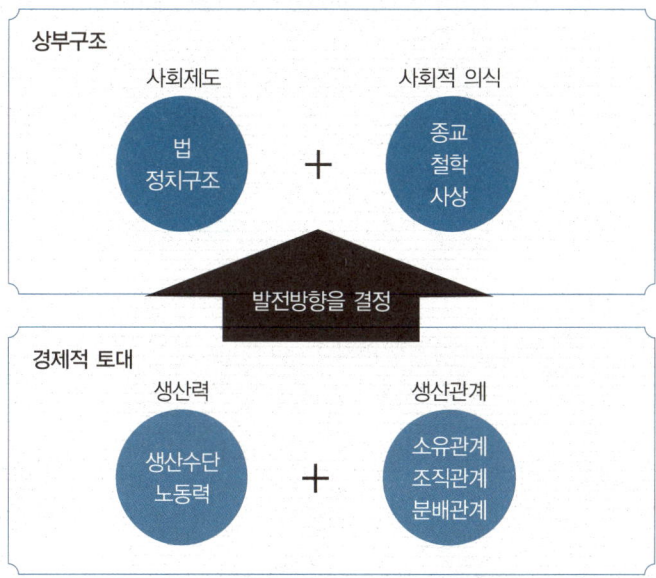

역사 발전의 원동력으로서 물질적 생산 활동

을 옹호하기 위한 법과 제도가 만들어집니다. 다시 말해 물질적 생산 활동인 경제적 토대가 법률이나 사회제도 같은 상부구조를 결정합니다.

또한 물질적 생산 방식의 변화는 종교, 철학, 사상 같은 사회적 의식의 변화를 일으킵니다. 위와 같은 사회적 의식, 즉 정신적 상부구조는 그 자체의 독립적 역사를 갖지 않으며, 물질적 생산 활동의 규정을 받아 형성됩니다. 따라서 사회적 의식이 자립성을 갖고 있다고 보는 것은 허구적인 가상에 불과합니다. 사회적 의식은 그 기원이나 내용에서 물질적인 것으로부터 규정을 받습니다. 의식이 물질적 삶을 규정하는 것이 아니라, 물질적 삶이 의식을 규정합니다. 다시 말해 사회적 존재가 의식을 규정합니다.

이처럼 물질적 생산 활동은 사회 구조와 제도뿐만 아니라 사회적 의식의 발전 방향에도 결정적인 영향을 줍니다. 또한 우리의 사회적, 정치적, 정신적 삶 전반을 규정합니다. 생산 활동과 같은 경제적 토대가 사회제도나 사회적 의식과 같은 상부구조를 결정하는 것입니다. 따라서 사회의 경제적 토대가 되는 물질적 생산 활동이야말로 사회와 역사를 변화, 발전시키는 원동력이라고 할 수 있습니다.

|질문 5| **시대를 지배하는 사상은 어떻게 형성되나요?**

|마르크스| 한 시대를 지배하는 사상은 지배 계급의 사상입니다. 물질적 생산 활동을 장악한 지배 계급이 그 시대를 주도하는 사상을 만들어냅니다. 지배 계급은 물질적 생산 활동을 장악할 뿐만 아니라

철학이나 사상 같은 정신적 영역도 장악합니다. 그것은 지배 계급이 경제력을 바탕으로 자신들의 이익을 옹호하는 사상을 만들어내 확산시키기 때문입니다. 지배적 사상은 지배 계급의 사상이기 때문에 지배 계급의 물질적 이해관계를 대변하고 반영합니다. 예를 들면 근대 사회를 지배하고 있는 자유와 경쟁, 사적 소유의 이념은 자본가 계급의 경제적 이해관계를 반영합니다. 따라서 한 시대를 주도하는 사상을 고찰할 때는 그 배후에 있는 물질적 생산 활동이나 계급적 이해관계를 제대로 파악해야 합니다.

|질문 6| **역사 서술의 기본 방향은 어떠합니까?**

|마르크스| 유물론적 역사관은 물질적 생산 활동을 역사 서술의 중심으로 삼습니다. 왜냐하면 물질적 생산 활동이 우리의 삶 전반을 규정하는 핵심 역할을 하기 때문입니다. 유물론적 역사관은 먼저 생존 수단의 생산에서 출발하여 현실적인 생산과정을 서술합니다. 그리고 생산 활동의 과정에서 맺게 되는 생산관계를 서술합니다. 그런데 생산력과 생산관계의 총체로서 생산양식은 사회 형태나 사회의 발전 방향을 규정하는 경제적 토대가 됩니다. 따라서 토대인 생산양식으로부터 사회제도나 사회적 의식과 같은 상부구조가 어떻게 생겨났는지를 설명합니다. 다시 말해 국가, 법, 종교, 철학, 사상, 도덕 같은 상부구조가 물질적 생산 활동이나 경제적 이해관계와 어떻게 연관되어 있는지를 분석하여 규명합니다.

|질문 7| 사회 혁명이 일어나기 위해 필요한 조건은 무엇입니까?

|마르크스| 역사의 발전 과정에서 낡은 사회는 사회 혁명을 통해 새로운 사회로 바뀌는데, 이런 사회 혁명이 일어나기 위해서는 물질적·사회적 조건이 갖추어져야 합니다. 그것은 경제적 모순의 심화와 이로 인한 계급투쟁의 격화입니다.

새로운 생산수단과 기술 개발로 인해 생산력이 증가하면 이에 상응하는 일정한 생산관계가 들어서며, 이 생산관계는 생산력의 발전에 도움을 줍니다. 하지만 생산력이 지속적으로 증가하면 기존의 생산관계는 생산력을 더 이상 지탱할 수 없으며 오히려 생산력의 발전에 장애가 됩니다. 때문에 생산력과 생산관계 사이에 대립과 모순이 발생합니다. 이와 같은 문제를 해결하기 위해 증가한 생산력에 상응하는 새로운 생산관계가 들어섭니다. 이러한 생산양식의 변화, 즉 경제적 토대의 변화는 정신적·제도적인 상부구조에서의 변화를 일으키며 계급투쟁을 격화시킵니다. 물질적 토대가 변화하면 이에 따라 상부구조를 포함한 사회 전체가 변화를 겪으면서 사회 혁명이 시작됩니다. 따라서 사회 혁명의 근본 원인은 생산력과 생산관계의 모순이라고 할 수 있습니다.

모든 갈등과 대립은 생산력과 생산관계의 모순에 그 뿌리가 있습니다. 계급투쟁이나 사상투쟁, 정치투쟁과 같은 사회적 갈등의 발생 원인도 근본적으로는 경제적 대립과 모순 때문입니다. 생산력과 생산관계의 모순이라는 물질적 토대의 문제가 계급투쟁을 비롯한 여러 사회적 대립과 투쟁을 일으킴으로써 혁명이 발생하는 것입니다.

사회 혁명은 기존의 사회 형태에서 생산력이 충분히 발전한 다음에 일어납니다. 기존의 생산관계에서 생산력이 발전할 여지가 있다면 혁명은 일어나지 않습니다. 왜냐하면 생산력과 생산관계 사이의 대립과 모순이 심화되지 않았기 때문에 계급투쟁이 격화되지 않고 사회적 위기도 발생하지 않기 때문입니다. 기존의 생산관계에서 생산력이 극도로 발전하여 더 이상 발전의 여지가 없을 때에 비로소 사회 혁명이 시작됩니다. 따라서 새로운 사회 형태가 등장하기 위한 물질적 조건은 이미 기존의 사회 형태 속에 들어 있습니다. 혁명은 자의적인 판단이나 주관적인 의지에 의해 일어나는 것이 아니라 생산력과 생산관계의 모순의 심화라는 객관적 조건이 갖추어질 때 일어납니다.

|질문 8| 역사 발전에서 개인의 역할은 무엇입니까?

|마르크스| 역사에는 필연적인 발전 법칙이 있기 때문에 개인이 그 방향을 바꿀 수 없고, 단지 발전의 속도만을 조절할 수 있습니다. 역사에는 개인의 의지와 상관없이 독립적으로 작동하는 운동 법칙이 있으며, 개인은 이 운동 법칙을 뛰어넘거나 거스를 수 없습니다. 사회 혁명은 주관적인 의지에 의해 일어나는 것이 아니라 객관적인 경제적 모순이 심화될 때 일어납니다. 따라서 개인이 사회의 발전 방향을 마음대로 선택할 수는 없습니다. 역사의 발전 과정에서 개인이 할 수 있는 일은 사회 변혁기에 출산의 고통을 단축시키고 완화시키는 것입니다. 낡은 사회가 무너지고 새로운 사회가 들어서는 혁

명기에 개인은 그 혁명이 보다 빨리 일어나도록 도움을 줄 수 있을 뿐 그 방향이나 성격을 결정지을 수는 없습니다.

자유는 필연성에 대한 인식을 전제로 합니다. 자유란 자기 마음대로 선택하고 행동하는 것이 아니라, 필연적 법칙을 인식하여 그것에 따라 살아가는 것입니다. 즉, 역사의 발전 법칙을 인식하여 그에 따라 살아가면서 새로운 사회로의 이행을 돕는 것이 진정한 자유입니다.

|질문 9| 사회구성체란 무엇입니까?

|마르크스| 사회는 경제적 토대와 이에 기반을 둔 정신적·제도적 상부구조로 구성됩니다. 사회를 이해할 때는 물질적 생산 활동의 측면과 사상이나 제도의 측면을 통합적으로 고찰해야 합니다. 이 두 측면은 전자가 후자를 규정하는 방식으로 서로 긴밀하게 통합되어 있습니다. 따라서 사회 형태를 건축물에 비유하여 물질적 생산 활동을 '토대', 정신과 제도를 '상부구조', 그리고 이 둘을 통합한 것을 '사회구성체'라고 합니다.

사회구성체의 형태를 결정하는 데 중요한 역할을 하는 것은 경제적 토대입니다. 생산 활동을 수행하는 방식, 즉 생산양식이 사회 형태를 결정하기 때문입니다. 따라서 사회 형태를 구분할 때는 생산양식을 기준으로 삼습니다. 생산양식은 시대나 사회에 따라 서로 다른 형태를 띱니다. 생산양식은 모든 시대나 사회에서 항상 동일한 형태인 것이 아니라, 그 발전 단계나 수준에 따라 서로 다른 형태로 나타납니다.

생산양식을 결정하는 중요한 요소는 생산력과 생산관계입니다. 어떤 사회의 생산력을 보여주는 척도는 노동 수단입니다. 어떤 노동 수단을 사용하느냐에 따라 생산력의 수준이 달라지며 이에 따라 생산관계도 달라집니다. 손절구가 봉건 영주의 사회를 낳았다면, 증기 제분기는 자본가의 사회를 낳았습니다. 생산관계는 생산과정에서 인간과 인간이 맺는 사회관계입니다. 사람들은 생산과정에서 주인과 노예의 관계로 만날 수도 있고, 영주와 농노의 관계로 만날 수도 있으며, 자본가와 노동자의 관계로 만날 수도 있습니다. 이런 생산관계에는 소유관계, 조직관계, 분배관계 등이 있는데 이 중에서 핵심이 되는 것은 소유관계입니다. 소유관계란 생산수단의 소유를 둘러싼 인간들 사이의 관계인데 이것이 분배관계나 조직관계에 결정적 영향을 줍니다. 따라서 소유관계에서 어떤 위치를 차지하느냐에

따라 계급이 결정된다고 볼 수 있습니다.

|질문 10| 사회는 어떤 발전 단계를 거쳐 진보하나요?

|마르크스| 생산력의 수준과 이를 기반으로 한 생산관계, 특히 소유관계의 형태를 중심으로 인류 역사에 등장한 생산양식을 몇 가지로 구분할 수 있습니다. 인류 사회는 원시 공동체, 고대 노예제, 중세 봉건제, 근대 자본주의를 거쳐 공산주의 사회로 진보합니다.

원시 공동체 사회는 생산력이 낮은 단계로서 가족이나 부족을 중심으로 사회가 형성됩니다. 아직 사적 소유가 등장하지 않은 단계로 토지와 같은 생산수단을 공동으로 소유하면서 공동 생산, 공동 분배를 합니다.

다음 단계로 등장한 생산양식은 고대 노예제 사회입니다. 생산수단과 기술의 발달로 생산력이 증가하여 잉여생산물이 발생하며, 이를 독점하는 계급도 생겨납니다. 노예 소유주는 토지와 쟁기, 수레, 말과 같은 생산수단을 소유하고 노예를 부려 생산 활동을 합니다. 노예는 인간이 아니라 소나 말처럼 비인격적인 동물로 취급되며, 주인은 생산된 물건을 독점합니다.

생산력이 증대하면서 고대 노예제는 점차 무너지고 중세 봉건제가 등장합니다. 봉건제의 주요 생산관계는 토지를 소유한 영주와 여기에 속박된 농노의 관계입니다. 농노는 생산 활동에서 어느 정도의 자유를 획득하며 재산도 소유할 수 있기 때문에 노예에 비해 신분적 지위가 향상되었습니다. 그러나 농노에게는 거주 이전의 자유가 없으며, 영주를 위해 강제적으로 많은 노동을 해야 합니다. 농노는 영주에게 신분적으로 구속되고 토지에 강제적으로 속박되었습니다.

근대에 들어와 상업과 산업이 발달하고 대공장이 들어서면서 생산력이 크게 향상됩니다. 이에 따라 중세 봉건제는 무너지고 근대 자본주의가 등장합니다. 공장제 수공업과 기계제 대공업이 발달함에 따라 장인과 직인의 관계로 구성된 낡은 봉건적 생산관계는 무너지고 자본가와 임금노동자의 관계로 구성된 자본주의적 생산관계가 들어섭니다. 봉건제적 생산 방식은 생산력이 뒤처지기 때문에 자본주의적 생산 방식과의 대결에서 패하게 됩니다. 자본가는 생산수단을 소유하고 있으며 임금을 주고 노동자를 고용하여 생산 활동을 합니다. 그리고 거기서 생산된 생산물이나 잉여가치를 독점합니다. 반면에 노동자는 생산수단을 갖고 있지 못하기 때문에 생계를 유지하기 위해 자본가에게 임금을 받고 고용되어 노동합니다. 노동자는 노예나 농노와는 다르게 법적으로 자유로운 신분이며, 신체나 거주 이전의 자유를 갖습니다. 노동자는 자본가와 자유 계약을 통해서 고용관계를 맺습니다. 그러나 이것은 법적, 형식적인 측면에서는 자유 계약이지만 실질적으로는 자유 계약이 아닙니다. 노동자는 생산수단을 소유하고 있지 않기 때문에 생계를 유지하기 위해서는 어쩔 수 없이 적은 임금을 받고서라도 자신의 노동력을 팔아야 합니다. 노동자는 자본가와 대등한 관계에 있지 않고 절대적으로 불리한 위치에 있기 때문에 이것은 진정한 의미에서 자유 계약이라고 볼 수 없습니다.

역사의 발전 과정에서 자본주의는 봉건제에 비해 생산력을 발전시키는 데 많은 기여를 했지만 다른 생산양식과 마찬가지로 일정한 단계에 이르면 생산력의 발전에 장애가 됩니다. 즉, 생산력과 생산관계 사이에 모순이 발생합니다. 자본주의의 기본 모순은 '사회적 생산'과 '사적 소유' 사이의 모순입니다. 생산 방식은 광범위한 사회적 분업을 바탕으로 높은 생산력에 도달하지만, 소유 방식은 사적 소유의 형태를 유지하고 있습니다. 따라서 사회의 생산력은 향상되지만, 사회의 소비능력은 상대적으로 감소합니다. 왜냐하면 적대적 분배 관계로 말미암아 생산물이나 잉여가치가 소수에게 편중된 형태로 분배되기 때문입니다. 또한 자본 축적의 욕구, 즉 자본의 규모를 확대하여 더 많은 잉여가치를 얻으려는 욕구 때문에 사회의 소비능력은 더욱 축소됩니다. 자본가들은 경쟁에서 살아남기 위해 끊임없이 생산 방식을 개량하고 규모를 확대하기 때문에 이런 자본 축적은 불가피합니다. 이에 따라 부는 소수의 자본가에게 집중되고 대다수의 노동자는 더욱 궁핍하게 되어 구매력은 감소합니다.

이런 경제적 모순이 심화되면 공황이 발생합니다. 자본은 자신의 목표인 이윤을 극대화하기 위해 온갖 방법을 동원하지만, 이로 말미암아 소비능력의 감소, 과잉 생산과 같은 문제가 발생하기 때문에 이윤을 얻기는 더욱 어려워집니다. 이처럼 자본의 이윤 추구 목표와 이를 위해 사용되는 방법 사이에는 모순이 존재합니다. 물론 공황을 통해 이러한 문제가 잠시 해소되기도 하지만, 문제가 근본적으로 해결되는 것은 아닙니다. 공황을 거치면서 자본주의의 문제는 더욱 커집니다. 때문에 자본주의는 점차 붕괴하고 새로운 생산양식이 등장합니다.

자본주의의 위기가 심화되면 사회 혁명이 발생하여 공산주의적 생산양식이 들어섭니다. 공산주의 혁명은 사회적 생산과 사적 소유 사이의 모순이 심화되고 혁명적 노동자 계급이 형성될 때 발생합니다. 공산주의 혁명은 최대의 세력이자 가장 혁명적인 의식을 지닌 노동자 계급이 주체가 되어 세계적 차원에서 혁명을 일으킬 때 가능합니다. 평화적이고 점진적인 방법으로 건설된 지역 단위의 소규모 공산주의 공동체는 거대한 자본의 힘에 쉽게 무너지기 때문에 자본주의가 발달한 공업 선진국들에서 동시에 급진적 혁명이 일어나야만 공산주의 혁명이 성공할 수 있습니다. 물론 공

원시 공동체
계급 없음
공동 소유·공동 생산·공동 분배

고대 노예제
주인과 노예
주인이 생산 수단과 노예를 소유하고 생산물을 독점함

중세 봉건제
영주와 농노
농노의 신분적 구속, 농노가 약간의 재산을 소유할 수 있음.

근대 자본주의
자본가와 노동자
노동자의 신분적 자유, 잉여가치의 착취

공산주의
계급 폐지
공동소유, 공동생산, 필요에 따른 분배

생산양식의 발전 단계

업 선진국에 의해 시장을 빼앗기고 이윤을 수탈당하는 후진국에서도 공업 선진국과 동시에 혁명이 발생할 수 있습니다. 그리고 혁명의 과도기에는 기득권 세력인 자본가 계급의 저항을 막기 위해 프롤레타리아트 독재가 필요합니다. 즉, 자본가 계급의 자유나 권리를 억압하는 혁명적 독재가 요구됩니다.

공산주의는 사적 소유에 기반을 둔 계급 지배를 폐지하고 공동 생산, 공동 분배를 시행합니다. 생산력의 발전에 장애가 되었던 자본주의의 사적 소유를 폐지하고 공동 소유를 실시함으로써 생산력을 해방시킵니다. 생산수단의 공동 소유, 재화의 공동 생산과 공동 분배를 통해 부의 편중으로 인한 소비능력의 감소나 무정부적인 과잉 생산과 공황의 문제를 해결합니다.

공산주의 혁명은 기존의 혁명과는 근본적으로 다릅니다. 지금까지 발생한 사회 혁명은 사적 소유와 이에 기반을 둔 계급관계를 유지한 채 단지 분배의 형태만을 문제 삼았습니다. 따라서 기존의 사회 형태는 사적 소유와 계급관계를 기반으로 합니다. 이에 비해 공산주의 혁명은 생산수단의 사적 소유를 폐지함으로써 계급 자체와 더불어 모든 계급 지배를 타파합니다. 그래서 사적 소유와 계급 지배가 폐지된 공산주의 사회에서는 생산수단의 공동 소유를 바탕으로 자유롭고 창조적인 노동이 가능하며 이를 통해 인간다운 삶을 누릴 수 있습니다. 자본주의 사회의 붕괴와 더불어 인류의 '전사^{前史}'가 종결되고 공산주의라는 새로운 역사가 시작됩니다.

Georg W. F. Hegel

Chapter 3

🎤 대화
TALKING

Karl Marx

대화

프랑스 혁명 220주년 기념 콜로키움

|사회자| 오늘은 세계적인 사상가들을 모시고 '프랑스 혁명 220주년 기념 콜로키움'을 개최하겠습니다. 오늘의 토론 주제는 '프랑스 혁명의 역사철학적 의미'입니다. 토론석에는 칸트 교수님과 헤겔 교수님, 그리고 마르크스 선생님께서 자리하셨으며 방청석에도 여러 사상가와 일반 방청객들께서 앉아 계십니다. 매우 바쁘실 텐데 참석하여 자리를 빛내주신 모든 분들께 깊이 감사드립니다. 우선 제일 연장자이신 칸트 교수님께서 한 말씀 해주시죠.

|칸트| 그러고 보니 제가 나이가 제일 많네요. 제가 볼 때 프랑스 혁명은 '이성의 승리'입니다. 사람들은 프랑스 혁명을 통해 스스로 이성의 힘을 사용하려는 결단과 용기를 보여주었습니다. 인간은 누구나 이성적 능력을 갖고 있습니다. 따라서 결단과 용기만 있다면 이러한 이성적 능력을 발휘하여 합리적으로 사고하

고 행동할 수 있습니다.

|사회자| 왜 프랑스 혁명을 '이성의 승리'라고 보시는지 좀 더 자세히 설명해주시죠.

|칸트| 프랑스 혁명은 낡은 봉건적 관행과 관습을 한꺼번에 깨뜨려버린 역사적 사건입니다. 그동안 사람들은 관행과 관습에 얽매여 자율적이고 합리적인 사고를 하지 못했습니다. 단지 기존의 봉건적 질서와 사고방식에 복종하여 타율적으로 생각하고 행

동했습니다. 어떻게 보면 정신적으로 어린아이와 같은 미숙한 상태에 있었다고 할 수 있죠. 그러나 프랑스 혁명을 거치면서 사람들은 자신의 이성을 충분히 사용하게 되었습니다. 모든 문제에 대해 비판적 태도로 접근하면서 합리적 근거를 따지기 시작한 거죠. 프랑스 혁명 이후 인류는 '계몽의 시대'로 접어든 것입니다.

|사회자| 그렇다면 도대체 무엇이 우리에게 이성을 사용하여 혁명을 일으키도록 만들었을까요? 봉건적인 질서와 관습에 수긍하면서 미숙한 상태로 살아갈 수도 있을 텐데요.

|칸트| 매우 어려운 질문이네요. 거시적으로 관찰해보면 자연에 법칙이 있듯이 인간 사회에도 법칙이 있습니다. 자연과 마찬가지로 인간 사회도 자연의 계획이나 의도에 따라 움직이는 거죠. 자연은 우리에게 이성적 능력을 부여하여 그것을 발휘하도록 만들었습니다. 이성적 능력을 제대로 발휘하기 위해서는 개인에게 최대의 자유를 보장해야 하며, 이를 위해서는 법이 지배하는 시민사회를 건설해야 합니다. 프랑스 혁명은 바로 이런 목적을 달성하기 위해 발생한 것입니다.

|사회자| 잘 알겠습니다. 그렇다면 헤겔 교수님도 칸트 교수님의 견해에 동의하시나요?

|헤겔| 네, 상당 부분 동의합니다. 제 생각도 칸트 교수님과 비슷

한 부분이 많습니다. 저는 칸트 교수님의 제자는 아니지만 칸트 교수님의 책을 읽으면서 많은 것을 배웠습니다.

| 칸트 | 아, 그런가요? 반가운 이야기네요. 제가 《순수이성비판》, 《실천이성비판》, 《판단력비판》을 비롯하여 다른 책들을 쓰는 데 신경을 쓰다 보니까 역사철학에 대해서는 많은 연구를 하지 못했는데, 아무튼 제 저술을 읽어주셔서 감사합니다.

| 헤겔 | 칸트 교수님께서는 역사에 일정한 발전 법칙이 있으며 역사는 점차 이성적인 방향으로 진보한다고 주장하셨는데, 저도 이에 공감하여 법칙주의, 이성주의, 진보주의의 관점에서 역사를 파악하고 있습니다. 간단히 말해 계몽주의적 역사관을 갖고 있습니다. 또한 칸트 교수님은 인간이 지닌 '반사회적 사회성'이 인간들 사이에 적대감, 즉 대립과 갈등을 불러일으켜 사회 발전의 원인이 된다고 보았는데, 저도 기본적으로 이에 동의합니다. 조화와 통일만 있으면 사회는 정체되며, 대립과 갈등이 있어야 발전합니다.

| 사회자 | 방금 말씀하신 것은 변증법적 관점인데, 이것도 칸트 교수님의 영향을 받았나요?

| 헤겔 | 그렇습니다. 대다수 사람들이 제가 혼자서 변증법 이론 전체를 만들어낸 것으로 알고 있는데 사실은 그렇지 않습니다. 저는 고대 그리스의 헤라클레이토스에서부터 앞에 앉아 계신 칸트

교수님 등 여러 철학자들의 이론을 참조하여 변증법을 체계화했습니다. 변증법의 기본 원리들 중의 하나가 바로 상호연관성 아닙니까? 변증법 이론 자체도 많은 사상가들이 서로 영향을 주고받는 과정에서 형성된 것입니다.

|사회자| 칸트 교수님과 무척 사이가 좋은 것 같은데 서로 간에 차이점은 없나요?

|헤겔| 칸트 교수님과 저는 계몽주의라는 시대적 흐름 속에서 성장했고 독일 관념론 철학의 전통을 계승하고 있다는 점에서 공통점이 많습니다. 이론적으로 볼 때 저는 마르크스 선생보다는 칸트 교수님과 더 가깝다고 할 수 있죠. 앞에 앉아 계신 마르크스 선생께서 좀 섭섭하게 생각할지 모르겠네요. 그렇지만 저와 칸트 교수님 사이에도 차이점이 많습니다. 만약 제가 어떤 독창성도 없이 단지 칸트 교수님의 철학을 그대로 받아들이기만 했다면 저는 역사에 남을 철학자가 되지 못했을 것이며, 오늘 이 영광스러운 자리에도 초대받지 못했을 것입니다.

|사회자| 헤겔 교수님의 독창성이나 업적을 부인하려는 의도에서 질문을 드린 것은 아닙니다. 혹시라도 불쾌하셨다면 죄송합니다. 대학 시절에 철학개론 수업을 들으면서 두 분의 차이점에 대해 배운 기억이 어렴풋이 떠오릅니다.

|헤겔| 저와 칸트 교수님의 철학은 다른 점도 많습니다. 예를 들면

칸트 교수님은 '현상'과 '사물 자체'를 구분하여 우리는 단지 '현상'만을 인식할 수 있고 '사물 자체'는 인식할 수 없다고 했습니다. 즉, 사물의 참된 모습이나 본질은 알 수 없고 단지 우리의 주관에 의해 구성된 대상만을 알 수 있다는 것입니다. 그러나 제 생각은 이와 다릅니다. 사물의 참모습, 즉 본질은 끊임없이 현상을 통해 드러나는 것이지 그 자체가 따로 존재하는 것은 아니라고 생각합니다. 우리는 현상을 통해 사물의 본질을 인식할 수 있습니다. 때문에 어떤 사람들은 칸트 교수님의 철학을 '주관적 관념론', 저의 철학을 '객관적 관념론'이라고 부르기도 합니다.

|사회자| 이해할 수 있을 것 같으면서도, 상당히 어렵네요. 역사철학에서는 어떤 차이점이 있나요?

|헤겔| 앞에서 언급했듯이 공통점이 많지만 몇 가지 차이점도 있습니다. 칸트 교수님은 역사의 원동력을 '자연의 계획'으로 보았지만, 저는 '이성' 또는 '절대정신'으로 봅니다. 역사는 이성이 스스로 변증법적인 자기 전개를 해나가는 과정에서 형성된다는 것이 제 생각입니다. 또한 칸트 교수님께서는 사회의 발전 방향 또는 최종 목표로 '법이 지배하는 시민사회'를 제시하고 있는데 저는 그렇게 보지 않습니다. 사회는 '가족'에서 출발하여 '시민사회' 단계를 거쳐 '국가' 형태로 발전합니다. '가족'이 사랑을 매개로 하여 개별성을 인정하지 않는 공동체라면, '시민사회'는 개별화된 개인들이 자신의 욕구를 충족시키기 위해 활동하는 사회입니다. 이런 '시민사회'는 공동체성과 유대감이 무너

진 불완전한 사회이기 때문에 개별성과 공동체성이 통합된 '국가'로 발전합니다. 따라서 시민사회가 아니라 국가가 사회 발전의 최종 형태가 됩니다. 그래서 어떤 사람들은 칸트 교수님의 입장을 '자유주의', 제 입장을 '공동체주의'라고 부르기도 합니다.

|사회자| 헤겔 교수님, 프랑스 혁명에 대해서 어떻게 생각하시나요?

|헤겔| 저는 독일의 예나에서 나폴레옹 군대가 진군하는 모습을 보았습니다. 그 군대의 깃발에는 '자유, 평등, 박애'라는 프랑스 혁명의 이념이 쓰여 있었습니다. 그것은 정말로 감동적인 역사적 장면이었습니다. 저는 말을 타고 힘차게 진군하는 나폴레옹의 모습에서 '세계정신'을 보았습니다. 그것은 모든 개인을 억압으로부터 해방시켜 그들에게 자유를 부여하는 것이며, 이성(절대정신)이 최고의 형태로 실현된 것입니다. 그것은 인류의 이념을 최고 형태로 실현하는 '국가'의 등장을 알리고 있습니다. 프랑스 혁명은 개인의 자유를 확대하고 인류의 이념을 실현하려는 이성이 그 배후에서 힘을 발휘하여 일어난 것입니다. 즉, 비판과 부정을 통해 이성적인 방향으로 나아가려는 이성의 변증법적인 자기 전개 과정에서 프랑스 혁명이 발생했습니다.

|마르크스| 그렇지 않습니다. 그것은 헤겔 교수님께서 역사를 잘못 이해하신 것입니다. 프랑스 혁명은 보편적인 자유를 위한 것도 아니고, 모든 인간의 해방을 위한 것도 아닙니다. 또한 그것은

이성이 최고의 형태로 실현된 것도 아니며, 이성이라는 정신적 힘에 의해 발생한 것도 아닙니다. 헤겔 교수님은 프랑스 혁명과 나폴레옹을 너무 관념적으로, 이상적으로 이해하고 계십니다. 헤겔 교수님은 프랑스 혁명이 발생한 역사적 배경과 현실적 원인을 제대로 인식하지 못하고 계십니다.

|헤겔| 말씀이 지나치신 듯합니다. 제가 역사를 제대로 이해하지 못했다니요? 저도 역사의 변화에 대해 나름대로 많은 고민을 했으며, 칸트 교수님을 비롯한 다른 철학자들의 이론도 많이 공부했습니다.

|사회자| 자자, 두 분 선생님, 조금 흥분하신 듯한데 감정을 가라앉히고 차분히 논의해보도록 하죠. 어린 학생들을 비롯하여 많은 방청객들이 지켜보고 있습니다.

|마르크스| 프랑스 혁명은 근본적으로 부르주아 혁명입니다. 자본가들이 자신의 경제적 이익을 옹호하기 위해 일으킨 혁명이라는 것입니다. 17~18세기에 산업화가 진척되면서 상업과 공업이 발달하자 경제적 주도권을 장악한 상공인들이 그에 상응하는 정치적 권리를 요구하기 시작했습니다. 그때까지 정치 권력은 귀족이나 성직자와 같은 소수의 봉건적 특권 세력이 장악하고 있었으며, 상공인들을 비롯한 다수의 부르주아는 권력에서 배제되어 억압과 차별을 받았습니다. 국가에 많은 세금을 납부하면서도 정치적 권리를 제대로 보장받지 못하고 경제적으로 억압을 받던

부르주아가 자신의 경제적 이익과 권리를 확보하기 위해 혁명을 일으킨 것입니다. 프랑스 혁명은 부르주아의 경제적 이해관계에서 분석해야 합니다.

|헤겔| 프랑스 혁명은 자유와 평등, 박애를 부르짖었는데, 이것은 보편적 인간 해방을 위한 것이 아니었습니까? 이 혁명은 역사의 진보입니다.

|마르크스| 물론 교수님 말씀대로 프랑스 혁명은 역사의 진보입니다. 낡은 봉건적 질서를 무너뜨림으로써 봉건 귀족의 억압과 착취로부터 시민들을 해방시켰습니다. 혁명을 통해 근대 시민사회를 건설함으로써 시민들의 자유와 권리가 신장되었습니다. 또한 생산력의 발전에 장애가 되었던 봉건 체제를 타파함으로써 자본주의적 생산양식이 더욱 발전할 수 있는 길을 열어주었습니다. 그러나 프랑스 혁명은 보편적인 인간 해방이 아니라 부분적인 인간 해방, 즉 부르주아의 해방에 불과했습니다. 혁명의 이념인 자유와 평등은 경제 활동의 자유와 평등을 의미합니다. 모든 사람에게 평등한 권리를 부여함으로써 누구에게나 사유재산을 축적할 수 있는 자유를 주는 것이었습니다. 그것은 사유재산의 폐지나 평등한 분배를 통해 진정한 경제적 평등을 실현하는 것과는 거리가 멀었습니다. 또한 보통선거, 평등한 투표권, 민주적 의회 같은 정치제도는 실제로는 부르주아의 이익에 봉사하는 것들입니다. 경제력을 장악한 부르주아는 자금을 동원하고 여론을 조작하여 선거에서 유리한 위치를 차지합니다. 경제적 불평등이

정치적 불평등을 불러일으키는 것이죠. 따라서 프랑스 혁명이 내세웠던 자유와 평등은 보편적 자유와 평등이 아니라 부르주아의 자유와 평등이었습니다.

|헤겔| 저는 프랑스 혁명을 통해 사회가 개인의 욕구를 충족시키기 위한 '시민사회'에서 개별성과 공동체성이 통합된 '국가' 형태로 발전했다고 봅니다. 즉, 인류의 이념이 최고의 형태로 실현된 국가가 탄생한 것이죠.

|마르크스| 저는 생각이 다릅니다. 헤겔 교수님께서는 국가를 시민사회보다 한 단계 더 진보한 사회 형태로 간주하고 계신데, 이는 옳지 않습니다. 국가는 시민사회로부터 독립되어 있거나 시민사회를 초월하여 존재하는 특별한 존재가 아닙니다. 국가는 시민사회로부터 직접적으로 형성된 것으로 여기에는 시민사회의 성격이 그대로 반영되어 있습니다. 국가는 시민사회에서 주도권을 차지한 지배 계급의 물질적 이해관계를 반영합니다. 시민사회가 물질적 생산 활동이 이루어지는 경제적 토대라면, 국가는 그 위에 세워진 법이나 제도와 같은 상부구조입니다. 따라서 국가는 개별성과 공동체성이 통합된 인류의 최고 단계가 아니라 시민사회의 개별성을 반영하는 단계에 불과합니다. 모든 사람들의 보편적 이익이 아니라 부르주아 계급의 특수한 이익을 옹호하는 기구에 불과하다는 것입니다. 물론 헤겔 교수님께서 '시민사회', 즉 자본주의 사회의 한계를 비판하면서 '국가' 형태로 나아가야 한다고 지적한 점에 대해서는 저도 공감합니다. 그러나 교수님

께서 언급한 '국가'는 자본주의 경제를 기반으로 형성된 근대 시민정부가 아닙니다. 아마 교수님께서 말씀하신 진정한 국가는 사적 소유를 인정하는 자본주의 경제를 타파할 때 가능할 것입니다. 저는 개별성과 공동체성이 통합된 진정한 국가는 앞으로 다가올 새로운 공산주의 사회라고 봅니다.

|헤겔| 저는 우리 프로이센 정부를 인류의 이념을 가장 잘 실현한 '국가'로 생각합니다. 마르크스 선생께서는 이에 동의하지 않으시겠네요?

|마르크스| 물론 동의하지 않습니다. 프로이센 정부가 비록 계몽된 전제 군주가 통치하고 있다고 할지라도 그것은 교수님께서 말씀하시는 '국가'가 아닙니다. 프로이센 정부는 어떻게 보면 시민사회를 기반으로 하는 근대 시민정부가 아니라 낡은 봉건적 질서에 기반을 둔 봉건 정부라고 볼 수 있습니다. 교수님께서 체계화한 변증법적 관점은 상당히 비판적이고 혁명적인데, 지금 하시는 주장은 낡은 국가를 옹호한다는 점에서 상당히 보수적이네요. 혹시 국가가 임명하는 베를린 대학의 교수가 되어 생활도 안정되고 나이도 들어가니까 기득권을 유지하기 위한 보수주의로 변질되어 프로이센 정부와 타협한 것은 아니십니까? 저도 한때는 학문 연구에 전념하기 위해 교수가 되려고 했지만 보수적인 프로이센 정부가 진보 세력을 탄압하자 이에 실망하여 교수의 꿈을 포기하고 혁명가의 길로 들어섰습니다.

|헤겔| 저는 단지 제 철학적 입장과 학자적 양심으로 프로이센 정부를 평가한 것입니다. '이성'은 변증법적인 자기 전개 과정을 거치기 때문에 이성적인 것은 현실적이고, 현실적인 것은 이성적입니다.

|마르크스| 교수님의 논법에 따르면 현실은 이성적이기 때문에 나치즘을 포함한 어떠한 기존 현실도 이성적인 것으로 정당화됩니다. 따라서 그런 주장은 옳지 않습니다. 이성적인 것은 현실적인 것이 '되어야' 하고, 현실적인 것은 이성적인 것이 '되어야' 합니다. 그래야 철학의 실천적 성격이 살아나지요.

|헤겔| 저는 철학의 역할을 실천에 있다고 보지 않습니다. 철학은 미네르바의 올빼미처럼 역사가 전개된 다음에 그 현실을 이론적·개념적으로 정리하는 역할을 합니다. 철학이 앞으로 나아갈 방향까지 제시하면서 실천적 역할을 담당하려는 것은 월권행위입니다.

|마르크스| 지금까지 철학자들은 세계를 다양하게 해석해왔지만 중요한 것은 세계를 변혁하는 것입니다. 즉, 실천적 관점에서 세계를 변혁하기 위한 이론을 제시하는 것이 철학의 과제입니다. 이론도 대중을 사로잡는 순간 물질적 힘으로 전환됩니다.

|사회자| 두 분의 논쟁이 치열하네요. 이러다가 밤을 지새우겠습니다. 두 분 사이의 관계를 잘 알지 못하는 방청객들은 두 분의

관계가 아주 나쁘다고 생각할 수도 있겠는데요. 마르크스 선생님, 선생님께서는 언젠가 자신을 '헤겔의 제자'라고 공언하지 않았습니까?

|마르크스| 맞습니다. 저는 《자본론》 서문에서 저 자신을 '위대한 사상가인 헤겔의 제자'라고 공개적으로 고백했습니다. 비록 제가 헤겔 교수님께 직접 배운 것은 아니지만 교수님의 저술에서 많은 것을 배웠으며 교수님의 이론을 비판적으로 수용하여 제 사상을 체계화하는 데 많이 활용했습니다. 그 대표적인 것이 바로 '변증법'입니다. 또한 저는 헤겔 교수님의 '노동' 개념, '소외' 개념, '시민사회' 이론 등에서 많은 도움을 받았습니다. 헤겔 교수님의 철학은 저의 철학 사상의 이론적 원천입니다.

|사회자| 그렇지만 마르크스 선생님의 철학은 헤겔 교수님의 철학과 크게 다르지 않습니까?

|마르크스| 저는 헤겔 교수님의 변증법적 관점은 수용하지만 관념론은 거부합니다. 저는 유물론을 지지합니다. 헤겔 교수님의 철학이 '변증법적 관념론'이라면 저의 철학은 '변증법적 유물론'입니다. 헤겔 교수님의 관념론에서는 변증법이 거꾸로 서 있습니다. 우리는 이러한 신비한 껍질 속에 들어 있는 변증법의 합리적 핵심을 찾아내어 그것을 똑바로 세워야 합니다. 즉, 관념이나 정신의 변증법적인 자기 전개가 아니라 물질의 변증법적인 자기 전개를 인식해야 합니다. 저는 헤겔 교수님의 변증법을 수용하

여 그것을 자연과 역사를 유물론적으로 이해하는 데 적용했습니다. 헤겔 교수님의 역사철학을 '변증법적·관념론적 역사관'이라고 한다면, 저의 역사철학은 '변증법적·유물론적 역사관'이라고 할 수 있습니다. 흔히 사람들은 여기서 '변증법'을 생략하고 이 두 역사관을 '관념론적 역사관'과 '유물론적 역사관'으로 대비하여 부릅니다.

| 사회자 | 유물론적 역사관의 입장에서는 프랑스 혁명을 어떻게 평가합니까?

| 마르크스 | 앞에서도 언급을 했지만, 프랑스 혁명은 근본적으로 부르주아 혁명이며, 경제적 토대인 자본주의적 생산양식에 상응하는 정치적 상부구조를 세우기 위한 혁명입니다. 다시 말해 자본주의 경제 형태와 부르주아의 이익을 옹호하기 위한 법과 제도를 만드는 혁명이었습니다. 역사를 움직이는 원동력은 정신적 힘이 아니라 물질적 힘입니다. 물질적 생산 활동이 역사의 변화와 발전을 이끌고 있습니다. 물질적 생산 활동이 이루어지는 방식을 '생산양식'이라고 하는데 이것이 경제적 토대가 되어 법, 제도, 사상, 종교, 철학과 같은 '상부구조'를 결정합니다. 즉, 경제적 토대에 상응하는 상부구조가 형성된다는 것입니다. 사람들은 흔히 이것을 '경제결정론'이라고 부르기도 하죠. 새로운 생산수단과 기술의 개발로 생산력이 향상되면 새로운 생산관계가 들어서고 이에 따라 새로운 생산양식이 경제적 토대로 자리를 잡게 됩니다. 또한 경제적 토대인 생산양식의 변화는 상부구조의

변화를 불러일으킵니다. 때문에 기존의 사회 형태가 새로운 사회 형태로 바뀌는 사회 혁명이 시작됩니다. 프랑스 혁명도 바로 이런 관점에서 이해해야 합니다. 인류가 지금까지 거쳐온 사회 형태에는 원시 공동체, 고대 노예제, 중세 봉건제, 근대 자본주의가 있으며 앞으로는 공산주의 사회로 나아갈 것입니다. 역사에는 일정한 발전 법칙이 있으며, 인류 역사는 점차 진보한다고 보는 점에서 저와 두 분 교수님은 공통점이 있습니다. 반면에 역사 발전의 원동력이나 사회 발전의 단계, 사회 변화의 방식 등에 대해서는 앞에서 언급했던 차이점이 있습니다. 그래서 프랑스 혁명에 대한 평가도 서로 다른 것입니다.

| 사회자 | 방청석에도 여러 분들이 앉아 계시는데, 우선 엥겔스 선생께서 프랑스 혁명에 대해 한 말씀 해주시죠.

| 엥겔스 | 이미 저의 절친한 친구이자 평생 동지인 마르크스가 여러 이야기를 했기 때문에 저는 특별히 할 말이 없습니다. 저의 견해는 마르크스와 같습니다. 저와 마르크스는 오랫동안 함께 이론적 연구를 해왔으며 책도 여러 권 함께 썼습니다. 마르크스는 영국으로 이주한 후에 주로 정치경제학 연구에 집중했으며, 저는 변증법적 유물론 연구에 집중하면서 마르크스주의를 대중들에게 보급하려고 노력했습니다. 일종의 분업을 한 것이죠. 그렇지만 서로 긴밀하게 토론하면서 연구했기 때문에 저의 견해가 마르크스의 견해이고 마르크스의 견해가 저의 견해라고 할 수 있습니다.

|사회자| 아, 그렇군요. 또 다른 분의 이야기를 들어보도록 하겠습니다. 저 뒤쪽에 계신 신사분 말씀해주시죠.

|레닌| 저는 러시아의 레닌이라고 합니다. 저도 마르크스 선생의 견해와 같습니다. 1789년의 프랑스 혁명이 '부르주아 혁명'이라면, 제가 1917년에 일으킨 러시아 혁명은 '프롤레타리아 혁명'이라고 할 수 있습니다. 그 이유는 혁명의 주체와 목표가 서로 다르기 때문입니다. 프랑스 혁명은 상공인을 중심으로 한 부르주아 계급이 주체가 되어 봉건제를 타파하고 자본주의 질서를 옹호하기 위한 혁명이었다면, 러시아 혁명은 프롤레타리아 계급이 주체가 되어 자본주의를 타파하고 사회주의를 건설하기 위한 혁명이었습니다.

|사회자| 하지만 선생님과 앞에 앉아 계신 마르크스 선생님 사이에는 혁명 이론에서 차이가 있지 않습니까?

|레닌| 저는 마르크스 선생님의 사상을 계승하여 그것을 실천에 옮겨 혁명을 성공시킨 사람입니다. 따라서 기본적으로 마르크스 선생님의 사상에 동조합니다. 그렇지만 마르크스 선생님도 시대적 상황이라는 제약 조건 때문에 사회주의 혁명이 어떤 국가에서 가능한지에 대해 제대로 설명하지 못하신 것 같습니다. 마르크스 선생님은 공업이 발달한 여러 선진 자본주의 국가에서 동시에 혁명이 일어날 때 사회주의 혁명이 성공할 수 있다고 말했습니다. 물론 공업 선진국에 의해 시장을 빼앗기고 이윤을 수탈

당하는 주변의 공업 후진국에서도 공업 선진국과 동시에 혁명이 발생할 수 있다는 점도 지적했지만 제 생각은 좀 다릅니다.

|사회자| 어떻게 다른지 좀 더 구체적으로 설명해주시죠. 선생님께서 체계화한 '제국주의 이론'도 이번 기회에 방청객들에게 소개해주시고요.

|레닌| 마르크스 선생님은 보지 못했겠지만 제가 살았던 19세기 말에서 20세기 초에는 자본주의가 자유주의적 단계에서 독점자본주의 단계, 즉 제국주의 단계로 발전했습니다. 독점자본주의가 시장을 확보하기 위해 식민지를 건설하는 제국주의 단계에서는 착취를 당하는 식민지 국가나 주변 국가가 '약한 고리'가 되므로 여기가 공산주의 혁명의 진원지가 될 수도 있습니다. 그리고 각각의 자본주의 국가는 불균등한 발전 때문에 서로 다른 사회적·정치적 구조를 가질 수 있으며 또한 사회적·역사적 배경도 서로 다르므로 혁명의 시기나 속도에서도 차이가 있을 수 있습니다. 따라서 러시아처럼 자본주의 발달이 뒤떨어진 국가에서 공산주의 혁명이 먼저 발생할 수 있습니다. 물론 마르크스 선생님께서도 공업 선진국과 교류하고 있는 주변의 공업 후진국에서도 혁명이 발생할 수 있다고 했지만, 그것은 공업 선진국들이 중심이 된 혁명이 주변 국가에 확산된다는 의미였지 주변 국가가 혁명의 중심이 된다는 것을 의미한 것은 아니었습니다. 그러나 저는 러시아 같은 주변 국가가 혁명의 중심이 될 수 있다고 보았습니다. 때문에 과감하게 러시아에서 사회주의 혁명을 일으켰고

그것을 성공시켰습니다.

|마르크스| 저의 사상을 적극적으로 받아들여 최초로 사회주의 혁명을 성공시킨 레닌 선생께 감사드립니다. 비록 후배 사상가이지만 선생의 과감한 실천력과 지도력에 존경을 표합니다. 그런데 레닌 선생, 러시아에서 사회주의 혁명이 정말로 성공했다고 보십니까? 소비에트 연방은 스탈린 집권기에 관료화, 전체주의화 같은 많은 문제가 있었으며 이 때문에 70년 만에 붕괴되지 않았습니까? 그것은 제가 주장했던 것처럼 여러 공업 선진국에서 동시에 사회주의 혁명이 발생하지 않았기 때문입니다. 러시아 같은 주변 국가에서 단독으로 사회주의 혁명이 발생하더라도 그것은 오랫동안 유지되기 어렵습니다. 왜냐하면 그런 사회주의 국가는 거대한 자본력과 군사력을 갖춘 선진 자본주의 국가들의 압력과 공격을 오래 견뎌낼 수 없기 때문입니다.

|레닌| 물론 그렇게 볼 수도 있을 것입니다. 그러나 제가 보기에 소비에트 연방이 붕괴한 것은 구조적 문제가 아니라 후배 지도자들이 사회주의 국가를 제대로 이끌지 못했기 때문이라고 생각합니다.

|사회자| 이에 대해서 또 다른 의견이 있는지 들어보도록 하겠습니다. 앞쪽의 젊은 선생께서 말씀해주시죠.

|알튀세| 프랑스의 마르크스주의자 알튀세입니다. 여러 선배 사상

가들의 이야기를 잘 들었습니다. 후배로서 주제넘게 나서는 것 같지만 그래도 한마디 하겠습니다. 마르크스 선생님은 변증법이 헤겔 교수님에 의해 신비화되었다고 비판하면서, 헤겔 사상에서는 변증법이 거꾸로 서 있기 때문에 신비한 껍질 속에 들어 있는 합리적 핵심을 찾아내어 그것을 바로 세워야 한다고 주장했습니다. 제가 《자본론》을 열심히 연구해본 결과 마르크스 선생님은 관념(정신)의 변증법을 물질의 변증법으로 바꾸면서 단지 그 방향만을 바꾼 것이 아니라 그 내용까지 완전히 바꾸었습니다.

| 사회자 | 무슨 말인지 좀 더 자세하게 설명해주시죠.

| 알튀세 | 헤겔 교수님의 변증법이 단선적인 운동 형태를 취하고 있다면, 마르크스 선생님의 변증법은 복합적인 운동 형태를 취하고 있다는 점에서 근본적인 차이가 있습니다. 마르크스 선생님의 사상에서 모순은 원리적으로 중층으로 결정되어 있습니다. 각각의 모순은 여러 층위들에 의해서 영향을 받고 있으며, 운동 과정에서 서로 규정을 하면서도 규정을 받기도 합니다. 예를 들면 생산관계는 생산력에 의해 규정을 받지만 이와 동시에 생산력의 존재 조건이 되기도 합니다. 상부구조는 경제적 토대에 의해서 규정을 받지만 이와 동시에 경제적 토대의 존재 조건이 되기도 합니다. 이처럼 모순은 복합적으로 중층 결정되어 있습니다. 바로 이러한 '중층 결정'이라는 특징 때문에 마르크스 선생님의 모순 개념은 헤겔 교수님의 모순 개념과 차이가 있습니다.

|마르크스| 아, 그렇습니까? 알튀세 선생께서는 저의《자본론》을 정말로 열심히 연구한 것 같습니다. 제가 다른 곳에서 특별히 그런 언급을 한 적은 없거든요. 혹시 알튀세 선생의 견해가 옳다면 저도 분명히 의식하지 못한 상태에서 그런 모순 개념을 사용했을 것입니다. 저도 다시 한 번 저의《자본론》을 꼼꼼하게 읽어보겠습니다.

|사회자| 본인은 못 보는 것을 남들이 더 잘 볼 수도 있으니까요. 때로는 소설가가 보지 못한 것을 평론가가 더 잘 보는 경우도 있습니다. 안타깝습니다만, 예정된 토론 시간이 다 흘렀습니다. 역사철학에 대해 아직 못한 이야기가 많을 텐데, 다음에 다시 한 번 토론 기회를 마련하겠습니다. 토론자와 방청객 여러분 감사합니다.

Georg W. F. Hegel

Chapter **4**

☺ 이슈
ISSUE

Karl Marx

이슈 1

닫힌 미래 vs. 열린 미래
역사에 과연 필연적인 법칙이 존재하는가?

지금까지 우리는 칸트와 헤겔, 마르크스의 역사철학에 대해 살펴보았다. 이들의 이론은 역사의 원동력이나 사회의 발전 단계, 역사의 최종 목표 등에 대해서는 서로 다른 입장을 보이고 있지만, 역사는 진보의 방향으로 나아가며 일정한 발전 법칙이 존재한다는 점에서 공통점을 지니고 있다. 이들은 법칙주의와 진보주의 같은 근대 계몽주의적 역사관의 기본 특징을 공유하고 있다. 하지만 계몽주의적 역사관은 현대에 들어와 많은 사상가들에 의해 비판을 받으면서 논란거리가 되고 있다. 또한 역사의 객관적 인식 문제나 역사 연구의 목적과 방법에 대해서도 논쟁이 벌어졌다. 이런 문제들을 중심으로 현재 역사철학에서 논란거리가 되는 몇 가지 이슈들을 검토해보도록 하자.

칸트와 헤겔, 마르크스는 계몽주의적 역사관의 입장에서 사회와 역사에는 일정한 법칙이 존재하며, 역사는 진보의 방향으로 발전한다고 주장했다. 특히 마르크스는 유물론적 역사관을 체계화하면서 역사에는 필연적인 발전 법칙이 있으며 우리는 이 법칙에 대한 인식을 통해 미래 사회를 예측할 수 있다고 주장했는데, 이런 입장을 '역사주의 historicism*' 라고 한다. 인류의 역사에는 자연의 법칙처럼 필연적 법칙이 존재하며, 우리는 이것을 마음대로 초월할 수 없다는 것이다. 그래서 마르크스는 역사의 발전 과정을 '자연사적 과정'이라고 말하기도 한다.

:: 역사주의

카를 포퍼는 '역사주의' 개념에는 두 가지 의미가 있다고 말한다. 첫째, 역사에는 필연적 법칙이 있으며 이에 대한 인식을 통해 미래를 예측할 수 있다는 의미를 갖고 있다. 둘째, 모든 지식과 진리는 역사에 의해 결정되기 때문에 절대적이 아니라 상대적이라는 의미를 갖고 있다. 전자의 경우를 'historicism'이라고 하며 후자의 경우를 'historism'이라고 한다. 여기에서는 첫 번째 의미로 사용된다.

그렇지만 역사의 필연적 발전 법칙을 인정하는 역사주의적 태도는 다음과 같은 문제점을 안고 있다. 역사가 필연적인 발전 법칙에 따라 움직인다면 역사의 발전 과정에서 우리는 수동적인 역할만을 하게 된다. 우리는 역사의 발전 방향에 영향을 미칠 수 없으며 단지 역사의 흐름에 따라 살아갈 수밖에 없다. 또한 우리가 원하는 방향으로 역사를 변화시킬 수 없으며, 우리의 의지와는 상관없이 주어진 필연적 법칙에 따라야 한다. 역사의 법칙을 우리는 거스를 수 없는 것이다. 그래서 카를 포퍼 Karl Popper, 1902~1994 는 역사주의가 우리 인간을 역사의 법칙이나 운명에 구속된 죄수로 만든다고 비판한다. 인간은 역사의 창조자인데 우리가 역사주의적 관점을 갖게 되면 우리는 자유의지를 상실한 수동적인 존재로 전락한다는 것이다. 왜냐하면 필연적 발전 법칙은 인간의 자유와 양립할 수 없기 때문이다.

그러나 이 비판에 대해 헤겔이나 마르크스의 입장에서는 다음과 같은 반론을 제기할 수 있다. 자유는 자기 마음대로 선택하여 행동하는 것이 아니다. 그것은 맹목적 행동에 불과하다. 진정한 자유는 역사의 법칙이나 필연성을 인식하고 그것에 따라 살아가는 것이다. 역사적 영웅이란 시대의 요구와 흐름을 통찰하여 그것을 위해 헌신적으로 살아가는 인물이지 시대의 요구와 흐름을 거부하고 그것에 역행하는 인물이 아니다. 예를 들면 나폴레옹이 역사적 영웅인 이유는 그가 봉건사회에서 시민사회로 나아가는 시대의 흐름을 포착하고 그 흐름에 따라 근대 시민사회의 이념을 유럽에 확산시키기 위해 노력했기 때문이다. 만약 나폴레옹이 시대의 흐름을 거역하고 낡은 봉건 질서를 재건하려고 했다면 그는 실패할 수밖에 없었을 것이며, 따라서 역사적 영웅이 되지도 못했을 것이다. 이처럼 자유는 법칙이나 필연성에 대한 인식을 전제로 한다. 즉, 법칙이나 필연성을 인식하고 그것을 의식적으로 활용할 수 있을 때 자유가 확보된다. 예를 들면 우리는 지구상에 살면서 중력의 법칙을 마음대로 거부할 수 없다. 그러나 중력의 법칙을 이용하여 자유롭게 여러 활동을 할 수 있으며, 또한 다양한 도구나 장치를 활용하여 물체의 낙하 속도를 자유롭게 조절할 수 있다. 마찬가지로 우리는 거대한 역사의 흐름에 따라 살아가지만 자유로운 실천적 활동을 통해 그 흐름의 속도에 영향을 줄 수 있다. 따라서 자유는 필연성과 양립할 수 있다.

그렇지만 이러한 반론에 대해 또 다른 의문이 제기된다. 과연 이것이 진정한 자유라고 할 수 있는가? 역사의 발전 방향에는 영향을 주지 못하고 단지 발전의 속도에만 영향을 주는 것은 제한된 의미의 자유에 불과하지 않는가? 의식적인 실천을 통해 역사의 발전 방향에까지 영향을 줄 수 있을 때 이것을 진정한 자유라고 불러야 하지 않는가?

독일의 프랑크푸르트학파도 역사주의 관점이 인간의 적극적인 실천 활동의 의미를 약화시킨다고 비판했다. 이와 관련하여 이 학파의 주요 이론가인 호르크하이머는 다음과 같이 말했다.

역사주의 관점은 역사의 필연성을 내세움으로써 대상으로부터 주체를 분리시킨다. 인간은 의식적인 비판적 활동을 통해서 대상을 변화시킬 수 있는 주체인데, 이렇게 대상과 주체를 따로 분리시키는 것은 타당하지 않다. 인간이 비판적으로 사고하면서 사회 투쟁에 적극적으로 참여하는 주체적 태도를 지닌다면, 그리고 인식과 행동을 분리된 것으로 여기지 않는다면, 역사의 필연성이라는 것은 인간의 외부에 독립하여 존재하는 맹목적인 필연성이 아니다. 학문의 출발점이 되는 현실적 상황은 완전히 확정된 것, 또는 확률의 법칙에 따라 미래를 예측할 수 있는 어떤 고정된 것이 아니다. 미래의 모습은 자연의 법칙에 의해서만 좌우되는 것이 아니라 인간이 그 자연에 대해 무엇을 하는가에 의해서도 좌우된다. 즉, 인간의 실천 활동에 의해 우리의 미래 모습은 달라질 수 있다.

역사주의 관점에 따를 경우에 미래는 필연성에 의해 '닫힌 미래'가 되며, 다양한 가능성을 지닌 '열린 미래'가 되지 못한다. 이와 관련하여 미국의 사회학자 월러스틴은 19~20세기 지성사에서 두 축을 형성하면서 대립했던 자유주의와 마르크스주의는 공통적으로 세계에 대한 성공적 조작을 통해 역사가 진보한다고

:: 카오스이론
작은 변화가 예측할 수 없는 엄청난 결과를 낳는 것처럼 안정적으로 보이면서도 안정적이지 않고, 안정적이지 않은 것처럼 보이면서도 안정적인 여러 현상을 설명하려는 이론. 1961년 미국의 기상학자 로렌츠(Edward Lorentz, 1917~)가 기상 모델을 연구하면서 나비효과를 발표해 이론적 발판을 마련했다.

주장했지만 이러한 필연적인 진보에 대한 믿음은 옳지 않다고 말한다. 미래는 다양한 가능성을 지닌 '열린 미래'이기 때문에 진보할 수도 있고 퇴보할 수도 있다는 것이다. 우리는 프리고진 Ilya Prigogine, 1917~2003 이 제시한 '카오스이론 chaos theory**'에 주목해야 한다. 세계는 단순하게 기계적으로 연관되어 있는 것이 아니라 상당히 복잡하게 연관되어 있다. 따라서 초기 조건의 작은 요인이 결과에서 커다란 변화를 불러일으킬 수도 있다.

카오스이론의 특성을 잘 드러내는 주는 '나비효과 butterfly effect'를 살펴보자. 나비효과는 아프리카 적도 지방에 살고 있는 작은 나비의 날갯짓이 수개월 후 유럽에 폭우를 내리게 할 수도 있다는 이론이다. 어떻게 그것이 가능할까? 아프리카에서 작은 나비가 날갯짓을 하면서 부드러운 바람을 일으키면 그 영향으로 작은 벌레가 나뭇잎에서 떨어져 원숭이의 몸에 내려앉는다. 원숭이는 벌레 때문에 가려워 몸을 긁게 되고, 이로 인해 나뭇가지가 흔들리면서 큼직한 열매가 땅으로 떨어진다. 열매는 비탈길을 구르면서 작은 돌멩이를 치며, 작은 돌멩이는 구르면서 큰 돌멩이를 치고, 큰 돌멩이는 바위를 친다. 그래서 돌과 바위가 함께 구르면서 비탈길에 산사태를 일으키며, 그 결과 계곡의 강물을 막아 커다란 호수가 생긴다. 더운 날씨 때문에 호수에서 수증기가 증발하여 커다란 구름이 형성되며, 그 구름은 바람을 타고 북반구의 유럽으로 이동한다. 이 구름으로 인해 수개월 후에 유럽에서는 폭우가 내린다.

이러한 카오스이론은 두 가지 방향으로 해석이 가능하다. 하나는 초기 조건의 작은 요인이 결과에서 커다란 변화를 불러일으킬 수 있으므로 미래의 결과를 예측하는 것은 매우 어렵다는 것이고, 다른 하나는 어떤 현상이 혼돈스럽게 보이는 것은 그 원인이 너무 작거나 멀리 떨어져 있기 때문이라는 해석이다.

월러스틴은 앞의 관점에서 카오스이론을 해석하여 이를 역사에 적용한다. 역사에서도 작은 파동이 거대한 결과를 산출할 수 있기 때문에 역사는 직선적 발전을 하는 것이 아니라 복잡한 비선형적 과정 non-linear process 을 거친다. 즉, 여러 복합적인 요인들 때문에 역사는 일직선적인 발전을 하는 것이 아니라 다양한 발전 노선을 따라 전개될 수 있다. 따라서 역사에서는 필연적 법칙이나 결정론이 통용되지 못하며, 단지 확률적인 접근만이 가능하다.

독일의 사회이론가인 울리히 벡 Ulich Beck, 1944~ 은 마르크스주의가 일직선적인 진보 모델을 바탕으로 역사에 대한 낙관주의적 입장을 취하고 있다고 비판했다. 산업사회의 발달과 같은 근대화의 진전은 우리가 더 이상 감당할 수 없는 부작용을 산출함으로써 '불확실성'과 '통제 불가능성'이 지배한다. 예를 들면 핵무기의 위협, 환경 파괴와 같은 생태학적 위기는 전지구적으로 확산되고 있으며 이는 인류 전체를 파멸시킬 수도 있다. 그래서 이것을 '위험 사회'라고 부른다. 위험 사회에서는 근대 산업사회의 부작용이 전면에 드러나기 때문에 일직선적인 진보 모델이 전제하는 확실성과 통제 가능성 대신에 불확실성과 통제 불가능성이 널리 확산된다. 이러한 위험 사회의 성격은 우리에게 긍정적으로 작용할 수도 있지만 부정적으로 작용할 수도 있다. 이것은 우리에게 위험을 경고함으로써 미래에 대한 경각심을 불러일으키고 이에 대비하도록 우리를 자극할 수 있다. 그러나 이런 문제가 정치적 쟁점이 되고 나아가 반성과 대비로 이어질지는 미지수이며, 이것은 예측할 수 없는 다양한 조건들과 우리들의 책임감 있는 결단에 달려 있다. 즉, 미래는 낙관적 방향으로 전개될 수도, 비관적 방향으로 전개될 수도 있다는 것이다.

여기서 볼 수 있듯이 진보나 퇴보 모두 필연적인 것은 아니다. 미래는 현재 우리가 어떤 역사적 선택을 하느냐에 따라 그 모습이 달라질 수 있다. 미래는 다양한 가능성을 지닌 열린 미래이며, 우리가 선택할 수 있는 대안은 하나가 아니라 여럿이다. 특히 이런 세계적 위기 상황에서는 우리들의 집단적인 행동이 세계의 발전 방향에 더 많은 영향을 미칠 수 있다. 따라서 헤겔과 마르크스의 계몽주의적 역사관이 전제했던 필연적 발전 법칙이나 진보주의는 더 이상 유지되기 힘들다. 미래는 필연성에 의해 닫힌 미래가 아니라 다양한 가능성을 지닌 열린 미래이다.

이슈 2

실증주의 vs. 해석학
역사 연구의 목적과 방법은 무엇인가?

　헤겔은 역사를 연구하는 데 세 가지 태도가 있다고 보았다. 주어진 자료나 사건을 그대로 서술하는 '자료적 역사', 반성을 통해 자료를 해석하면서 교훈을 얻으려는 '반성적 역사', 그리고 사변적 태도를 바탕으로 역사적 사건의 배후에 존재하는 정신이나 이념을 탐구하는 '철학적 역사'가 있다는 것이다. 이 중에서 헤겔은 세 번째 태도를 가져야 한다고 주장했다. 역사를 제대로 이해하기 위해서는 역사 연구자가 자신의 사변적 능력을 발휘하여 역사 속에 들어 있는 이성이나 정신의 힘을 파악해야 한다는 것이다. 즉, '이성'이 변증법적인 자기 전개 과정을 통해 자신의 힘을 어떻게 발휘하고 있는지 그 과정과 법칙을 인식해야 한다는 것이다. 마르크스는 헤겔의 변증법을 수용하여 사회를 탐구할 때는 '역사적 관점'을 가져야 한다고 주장했다. 하지만 이와 더불어 구체적 현실에 기반을 둔 '과학적 태도' 역시 강조했다. 역사를 연구할 때는 경험적으로 관찰 가능한 현실에서 출발하여 이로부터 일반적 결론이나 법칙을 이끌어내야 한다는 것이다. 이처럼 헤겔은 사변적 방법을 통해 역사의 보편적 법칙을 파악해야 한다고 주장했으며, 마르크스는 과학적 방법을 통해 역사의 보편적 법칙을 파악해야 한다고 주장했다.

그러나 역사 연구의 목적과 방법에 대해 이와 다른 입장을 보이는 이론가들도 있다. 과연 역사 연구의 목적이 헤겔과 마르크스의 주장처럼 보편적 법칙을 발견하는 것인가, 역사 연구의 방법은 어떠해야 하는가, 마르크스의 주장처럼 역사를 연구할 때는 경험적 관찰을 중시하는 과학적 방법을 사용해야 하는가 등의 다양한 의문들이 제기되었다.

하버마스, 테일러, 제이 Martin Jay, 1944~ 같은 학자들은 마르크스의 사상에 과학주의 또는 실증주의 경향이 내재되어 있다고 말했다. 마르크스는 자신의 유물론적 역사관을 '과학적'이라고 말했는데 거기에는 과학주의적 또는 실증주의적 방법이 깊이 관련되어 있다는 것이다. 앞에서도 언급했듯이 마르크스는 역사 연구에서 경험적 관찰을 중시하는 과학적 태도를 강조했다. 유물론적 역사관에서 물질적 생산 활동을 중시하는 이유 중 하나도 그것이 경험적으로 관찰 가능한 대상이기 때문이다. 마르크스는 《자본론》에서 물리학자가 자연 현상을 탐구하는 방식과 동일하게 자본주의 경제를 탐구해야 한다고 강조했다. 즉, 객관적으로 명료하게 드러나는 경제적 현상에 대한 관찰을 통해서 자본주의의 운동 법칙을 발견해야 한다는 것이다. 그는 경험적으로 확인 가능한 사실에서 출발하여 이로부터 보편적 법칙을 이끌어내야 한다고 주장했는데, 이 연구 방법은 당시에 유행하던 과학주의 또는 실증주의의 영향을 크게 받은 것이다. 19세기에는 콩트와 밀이 주장한 실증주의가 널리 확산되었는데, 마르크스도 그 영향을 받아 경험적인 자연과학의 방법을 동원하여 사회와 역사를 이해했다.

콩트와 밀이 사회와 역사의 연구에도 경험적인 자연과학의 방법을 사용하려고 했던 것은 근대 자연과학의 급격한 발전에 자극을 받았기 때문이다. 자연 현상을 확실한 근거에 의해 객관적으로 설명하려는 시도는 16세기 이후에 많은 성공을 거두었다. 자연과학자들은 자연 현상에는 일정한 인과적 법칙이 존재하며, 이것은 관찰과 실험이라는 방법을 통해 발견할 수 있다고 보았다. 이러한 연구 태도로 인해 17~18세기에 자연과학은 눈부신 발전을 거두었다. 이에 자극을 받은 콩트와 밀은 사회 현상을 탐구할 때도 이런 자연과학적 태도를 지녀야 사회과학이 학문으로 발전할 수 있다고 주장했다. 그들은 자연 현상과 마찬가지로 사회 현상에도 인과적 법칙이 존재하며, 이것은 관찰이나 실험, 비교와 같은 실증주의적 방법을 통해 발견될 수 있다고 보았다. 이들은 사회 현상의 연구 방법도 자연 현상의 연구 방법과 동일하다고 보았는데, 이것을 가리켜 '방법론적 일원론'이라고 한다.

그러나 이러한 실증주의적 입장에 대해 딜타이^{Wilhelm Dilthey, 1833~1911}, 빈델반트^{Wilhelm Windelband, 1848~1915}, 콜

:: 딜타이

독일의 철학자로 '생(生)' 철학의 창시자. 베를린 대학 교수를 지냈으며, 자연과학과 구분되는 정신과학의 영역을 기술적, 분석적, 심리적 방법으로 확립하였다. 인간의 삶과 사회, 역사를 체험, 표현, 이해의 범주로 파악할 것을 주장하여 해석학의 기틀을 마련했다.

링우드Robin Collingwood, 1889~1943와 같은 학자들은 반론을 제기했다. 역사학을 포함한 인문사회과학의 탐구 방법은 자연과학의 탐구 방법과는 다르다는 것이다. 이들은 실증주의의 방법론적 일원론에 반대하면서 인간과 사회를 다루는 학문은 해석학적 방법을 사용해야 한다고 주장했다. 일종의 '방법론적 이원론'인 것이다.

딜타이는 정신과학이 자연과학의 실증적, 수학적 방법에 매몰되지 않아야 한다고 하면서 정신과학의 독자적인 연구 방법론을 주장했다. 여기서 '정신과학'이란 오늘날의 인문학이나 사회과학을 포함하는 분야로서, 인간의 내면적인 삶의 표현들을 해석하는 학문 분야를 가리킨다. 이때 내면적인 삶의 표현은 단순한 동작일 수도 있고, 역사적 행동일 수도 있으며, 법이나 예술 작품, 혹은 문학일 수도 있다. 정신과학은 이러한 인간의 내면적 삶과 연관된 대상을 다룬다. 이에 비해 '자연과학'은 인간의 내면적 삶과 직접적인 연관이 없는 순수한 자연적 대상만을 다룬다.

따라서 자연과학이 '인과적 방법'을 통해서 자연 현상, 특히 외적인 힘을 설명하는explain 것을 목표로 삼는다면, 정신과학은 '해석학적 방법'을 통해 인간의 정신 현상, 특히 내적인 의미, 의도, 목적 등을 이해하는understand 것을 목표로 삼는다. 여기서 해석학적 방법이란 '감정이입'의 방법을 통해 다른 사람의 내적 체험을 이해하는 것이다. 즉, 자신이 타인의 입장이 되어 타인의 내적 체험을 나름대로 재구성해보면서 타인의 체험을 이해하는 것이다. 이것을 딜타이는 추체험追體驗이라고 한다.

예를 들어 로마에서 브루투스Marcus Brutus, BC 85~42가 카이사르를 살해한 사건을 살펴보자. 이 역사적 사건에서 우리가 관심을 갖는 것은 무엇인가? 우리는 브루투스가 어떤 칼을 사용했는지, 어디를 얼마나 깊게 찔렀는지에 관심을 갖는 것은 아니다. 우리가 관심을 갖는 것은 '브루투스가 왜 카이사르를 찔렀는가?'이다. 이것은 브루투스가 카이사르를 살해한 내면적 동기나 목적을 묻는 것이다. 우리는 브루투스가 카이사르를 살해한 의도를 이해하고 싶은 것이다. 그렇다면 역사가는 그러한 내면적 의도나 동기를 어떻게 알 수 있는가? 역사가는 그 당시의 사회적 상황이나 배경 등을 파악한 다음에 브루투스의 입장이 되어 그의 내적 체험을 재구성하며, 그 당시 브루투스의 생각을 자신의 머릿속에 다시 그려보아야 한다. 즉, 타인의 체험을 뒤따라가면서 그의 내면세계를 이해해야 한다.

이렇게 탐구 방법에서 차이가 발생하는 이유는 자연현상과 사회현상이 서로 다르기 때문이다. 자연을 구성하는 생물이나 무생물과는 다르게 사회를 구성하는 인간은 자유의지를 갖고 있다. 인간은 어떤 행위를 할 때 대부분 일정한 의도와 목적을 갖고 있다. 자연의 생물이나 무생물이 주로 본능이나 외적인 힘에 의해서 움직인다면, 인간은 스스로 세운 내적인 목표나 의도에 따라 움직인다. 따라서 사회와 역사의 탐구에서는 행위의 내적인 의도나 목적을 이해하는 것이 중요하다.

그리고 자연과학이 법칙을 통해 이와 연관된 모든 자연 현상을 설명하려고 하기 때문에 보편적 법칙에 관심이 있다면, 정신과학은 개별적인 행위나 사건을 이해하려고 하기 때문에 개별적 사건 자체에 관심이 있다. 우리는 카이사르의 살해 사건을 탐구할 때 이런 종류의 사건이 발생하는 일반적 규칙이나 법칙을 발견하고자 하는 것이 아니라, 이 사건이 왜, 어떤 목적으로 일어났는지를 알려고 한다. 즉, 개별적인 사건 하나하나가 발생한 이유나 동기에 대해 알고자 한다. 역사학은 보편적 법칙이 아니라 개별적 사건에 관심이 있는 것이다. 그래서 빈델반트는 자연과학이 '법칙 정립'을 목표로 삼는다면, 역사학은 '개체 기술'을 목표로 삼는다고 말한다.

이처럼 역사 연구의 목적과 방법에 대해 실증주의적 관점과 해석학적 관점은 서로 다른 입장을 보여주고 있다. 이것을 간략하게 정리하면 다음과 같다.

실증주의적 관점	해석학적 관점
외적인 힘(물리적 힘)	내적인 의미, 동기, 목적
인과론	목적론
보편적 법칙	개별적 사건
설명(explain)	이해(understand)
객관적 관찰, 실험	감정 이입, 추체험
방법론적 일원론	방법론적 이원론

이슈 3

객관주의 vs. 주관주의
사회와 역사에 대한 객관적 인식은 가능한가?

앞에서 보았듯이 실증주의적 역사관은 역사학도 경험적인 자연과학의 탐구 방법을 동원하여 역사적 사실을 객관적으로 인식해야 한다고 주장한다. 자신의 주관적인 가치관을 완전히 배제한 다음에 주어진 사실을 있는 그대로 객관적으로 관찰하고 실험하여 이로부터 일반적인 법칙을 이끌어내야 한다는 것이다. 마르크스도 유물론적 역사관의 '과학성'을 강조하면서 역사 연구는 경험적으로 확인 가능한 객관적 사실에서 출발할 것을 주장한다. 이러한 실증주의적 관점은 사실판단과 가치판단을 구분하고 오직 객관적인 사실판단만을 학문적 탐구의 대상으로 삼는다. 그러나 이런 실증주의의 객관주의적 태도에 대해 반론을 제기하는 이론가들도 있다. 프랑크푸르트학파, 테일러, E. H. 카 Edward Hallett Carr, 1892~1982 와 같은 이론가들은 사회와 역사에 대한 가치중립적인 객관적 인식은 어렵다고 비판하면서 거기에는 가치가 개입할 수밖에 없다고 말한다.

프랑크푸르트학파는 사실과 가치를 이분법적으로 구분하는 실증주의 관점이 잘못되었다고 비판했다. 실증주의가 내세우는 가치중립성 주장은 허구적인 것으로서 총체성의 관점을 결여하고 있으며, 과학 이론에는 가치가 개입할 수밖에 없다고 주장했다.

호르크하이머는 사회적 사실들이란 인간의 실천을 통해 형성된 역사적 산물이고 또한 앞으로 인간에 의해 바뀔 수 있는 것이므로 그런 사실은 인간의 실천이나 가치판단으로부터 독립된 객관적 사실은 아니라고 말했다. 또한 아도르노는 사실과 가치를 이분법적으로 구분하는 실증주의적 태도를 비판하면서 사회 전체에 대한 총체적 인식 없이는 개별적 사실이나 자료에 대한 이해도 불가능하다고 강조했으며, 하버마스도 개별적인 사실에 대한 인식은 이미 '해석학적인 사전 이해'를 전제로 한다고 말했다. 즉, 개별적인 사실에 대한 관찰이나 인식은 그 자체로서 객관적으로 이루어질 수 없으며 그러한 개별적 사실이 형성된 사회적·역사적 배경에 대한 전체적 인식을 사전에 갖고 있을 때 가능하다는 것이다.

예를 들면 1894년에 발생한 동학혁명을 살펴보자. 동학혁명은 하나의 역사적 사건이지만 여러 해 동안 발생한 수많은 집회와 전투 등 여러 개별적 사건들로 이루어져 있다. 여기서 우리가 이 개별적 사건들을 이해하려면 동학혁명 전체에 대한 지식을 사전에 갖고 있어야 한다. 만약 동학혁명 전체를 알지 못한다면 우리는 개별적 사건에 대해서도 제대로 알 수 없다는 것이다. 마찬가지로 동학혁명 전체를 이해하려면 이와 연관된 배경 지식을 사전에 갖고 있어야 한다. 조선 시대의 역사를 전체로 본다면 동학

혁명은 부분적이고 개별적인 사건에 불과하다. 따라서 동학혁명을 제대로 이해하기 위해서는 조선 시대의 역사 전체에 대한 사전 지식을 필요로 한다. 조선 시대, 특히 조선 후기의 역사적 흐름이나 시대적 상황에 대한 배경 지식이 없다면 우리는 동학 혁명을 제대로 이해할 수 없다.

이처럼 우리가 개별적 사건을 이해할 때는 전체에 대한 사전 지식을 전제로 한다. 따라서 우리는 개별적 사건을 있는 그대로 객관적으로 인식할 수 없으며, 거기에는 일정한 가치가 개입할 수밖에 없다. 역사 인식에서 가치중립적 주장은 타당하지 않다.

역사학자인 카도 실증주의적 역사관을 비판하면서 역사에 대한 객관적 인식의 어려움을 지적했다. 카는 《역사란 무엇인가 What is history?》에서 실증주의적 역사관을 주장한 레오폴트 랑케 Leopold von Ranke, 1795~1886를 비판했다. 랑케는 역사학이 지나치게 도덕적 교훈을 찾는 데 집중하면 과학이 될 수 없다고 보면서 역사학의 목표는 '단지 사실을 있는 그대로 보여주는 것'이라고 말했다. 과학으로서 역사학은 역사적 사실을 확인하고 이로부터 결론을 이끌어내는 것이며 따라서 역사란 확인된 사실들의 집합이라는 것이다. 그러나 카는 이러한 실증주의적 관점이 잘못되었다고 비판하며 다음과 같이 이야기한다.

순수한 형태의 역사적 사실이란 존재하지 않으며 거기에는 역사가의 관점이 개입되어 있다. 과거에 발생한 모든 사건이 역사적 사실이 되는 것은 아니다. 역사적 사실은 역사가에 의해 선택된 것이다. 역사가는 자신의 시각으로 보았을 때 역사적으로 의미 있는 중요한 것만을 역사에 기록한다. 이탈리아의 루비콘이라는 작은 강을 건넌 사람들은 아주 많았지만 역사가가 이 모든 행위들을 역사적 사실로 기록하지는 않는다. 반면에 카이사르가 루비콘 강을 건넌 것은 역사적 사실로 기록한다. 그 이유는 역사가의 시각에 그것이 중요한 사건으로 보이기 때문이다. 어떤 사건이 역사적으로 의미가 있는 중요한 사건인지 그렇지 않은지를 결정하는 것은 역사가의 관점에 달려 있는 것이다.

흔히 사실은 스스로 말한다고 하지만 그것은 잘못된 생각이다. 역사가가 사실에 말을 걸 때만 사실은 우리에게 말을 한다. 사실에게 어떤 순서, 어떤 문맥으로 발언을 허용할 것인가를 결정하는 것은 역사가다. 그러나 역사가는 순수한 의도와 객관적 태도로 과거의 사실을 볼 수 없다. 왜냐하면 역사가도 자기 시대 속에서 살아가고 있는 한 개인에 불과하고, 자기 시대에 의해 제한을 받을 수밖에 없기 때문이다. 역사가도 다른 개인들과 마찬가지로 의식적이든 무의식적이든 그 시대의 대변인이다. 우리는

:: **루비콘 강을 건너다!**

로마 공화정 시대 때 카이사르의 군대가 루비콘 강을 건너 이탈리아로 들어갔는데 이 사건을 가리켜 "루비콘 강을 건너다!"라고 말한다. 이것은 당시의 로마법을 어긴 사건인데, 이를 계기로 카이사르는 로마의 귀족들과 대결하면서 자신의 권력을 강화시킨다. 한편 카이사르는 루비콘 강을 건너며 "주사위는 이미 던져졌다"는 말을 남겼는데 이 말은 "루비콘 강을 건너다"라는 말과 함께 어떤 행동이나 사건이 본격적으로 시작되었음을 의미한다.

역사의 과정을 '움직이는 행렬'에 비유할 수 있다. 역사가는 이 행렬에서 떨어져 나와 높은 바위에서 사방을 굽어보는 독수리도 아니고 사열대에 올라가 이 행렬을 지켜보는 위대한 인물도 아니다. 역사가는 이 행렬 속에서 터덜터덜 걸어가는 한 개인에 불과하다. 이 행렬이 나아가는 길은 일직선이 아니라 좌우로 휘어진 구불구불한 길이다. 행렬을 따라 걷다보면 행렬의 한 지점과 다른 지점 사이의 거리가 가까워지기도 하고 멀어지기도 한다. 그러므로 행렬을 따라 움직이는 역사가에게는 새로운 모습과 전망이 끊임없이 나타난다. 역사가가 걸어가는 현재 지점에 따라 과거의 모습이 달라지는 것이다.

역사가도 역사의 한 부분이다. 특정한 시대에 살면서 그 시대의 관점으로 과거를 본다. 따라서 과거의 사실에 대한 순수한 객관적 관찰은 불가능하다. 역사가는 과거의 사실을 바탕으로 역사를 해석하고, 역사에 대한 해석을 바탕으로 과거의 사실을 구성한다. 따라서 과거의 사실과 역사가의 해석은 서로를 필요로 하며, 둘 중에서 어느 하나를 우위에 놓을 수 없다. 사실에 근거하지 않은 역사가는 뿌리가 없기 때문에 열매를 맺지 못하며, 역사가가 없는 사실은 무의미한 죽은 사실에 불과하다. 역사란 역사가의 해석과 과거의 사실 사이의 상호작용 과정이다. 다시 말해 역사란 현재와 과거의 끊임없는 대화다. 역사가는 현재 자신의 관점에서 과거의 사실에 의미를 부여하고, 과거의 사실을 바탕으로 자신의 관점을 끊임없이 형성해간다.

이처럼 카는 실증주의가 주장하는 역사에 대한 객관적 인식이 타당하지 않다고 비판했다. 그렇다고 그가 역사 인식의 주관주의를 주장하는 것은 아니다. 카는 역사를 인식할 때 과거의 사실도 중요하다는 점을 언급했다. 때문에 '역사는 현재와 과거의 끊임없는 대화'라고 말한 것이다. 카는 역사 인식에 있어서 객관주의 관점도 비판하지만 이와 동시에 주관주의 관점도 비판하고 있는 것이다.

이슈 4

모더니즘 vs. 포스트모더니즘
거대 담론은 타당한가?

이성에 대한 신뢰를 바탕으로 이성이 보편적 진리를 발견할 수 있다고 보는 '이성주의rationalism'는 근대 서양 사회를 지배하는 중심 이념이었는데, 이를 단적으로 보여주는 것이 바로 근대 계몽주의 사상이다. 서양의 근대는 바로 이러한 이성주의적 사고방식을 그 중심에 두고 있으며, 이를 가리켜 '모더니즘modernism'이라고 부른다.

그런데 미셸 푸코Michel Foucault, 1926~1984, 질 들뢰즈Gilles Deleuze, 1925~1995 , 자크 데리다Jacques Derrida, 1930~2004 같은 이론가들은 이와 같은 이성주의에 입각한 모더니즘을 비판하면서 반이성주의 입장에서 포스트모더니즘postmodernism을 주장했다. 이들은 역사철학의 문제와 관련해서도 역사

::: 질 들뢰즈
프랑스의 철학자로 1960년대의 서구 근대 이성의 재검토라는 사조 속에서, 서구의 2대 지적 전통인 경험론과 관념론이라는 사고의 기초형태를 비판적으로 해명했다. 1972년에는 동료 가타리와 함께 《앙티 오이디푸스》를 저술해 기존의 정신분석에 반기를 들고, 니체주의적 틀 안에서 프로이트와 마르크스를 통합하여 20세기의 고정관념을 깨뜨렸다.

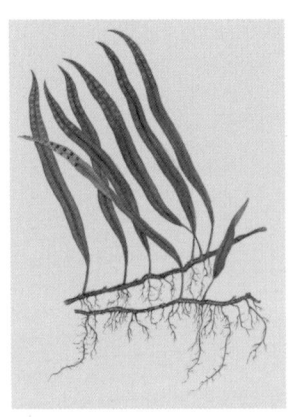

들뢰즈는 중심이 없이 사방으로 뿌리가 뻗어나간 리좀 모델을 통해 중앙 집권화되지도 않고 위계적인 질서도 없는 포스트모더니즘의 특징을 설명하고 있다.

의 발전 법칙을 인정하는 모더니즘의 역사관을 비판하면서 그러한 거대 담론은 이성의 한계 때문에 성공할 수 없다고 말했다.

들뢰즈는 포스트모더니즘의 기본 개념을 '리좀^{rhizome}' 모델을 통해 설명했다. 식물의 뿌리 형태에는 몇 가지 종류가 있다. '주축뿌리'는 콩의 뿌리처럼 중심축이 있고 거기서 여러 잔뿌리가 뻗어나간 모습을 하고 있다. '수염뿌리'는 옥수수의 뿌리처럼 하나의 중심점에서 여러 뿌리가 뻗어나간 모습을 하고 있다. 이러한 주축뿌리나 수염뿌리 형태는 그 모습에서 차이가 있지만 하나의 중심이 있다는 점에서 공통점을 지닌다. 반면에 리좀은 이와는 전혀 다르다. 리좀, 즉 땅밑줄기는 감자나 잡초처럼 중심이 없이 사방으로 뿌리가 뻗어나간 다양한 모습을 하고 있다. 이것은 특정한 중심이 없이 네트워크처럼 서로 연결되어 있다. 어떻게 보면 동물이 무리를 지어 움직이는 모습도 리좀의 형태를 띠고 있다. 쥐가 살면서 식량을 조달하고, 이동하고, 은신·출몰하는 굴의 형태도 일종의 리좀이다. 리좀은 중앙도 없고, 시작도 끝도 없는 수많은 고원들로 이루어졌다. 고원은 중앙 집중화되지도 않고, 위계적인 질서도 없으며, 외부의 목적도 갖고 있지 않다. 그래서 들뢰즈는 이러한 자신의 생각을 드러내기 위해 《천 개의 고원$^{Mille\ Plateaux}$》이라는 제목의 책을 펴내기도 했다.

이렇게 네트워크로 연결된 '리좀' 모델을 통해 모더니즘과 대비되는 포스트모더니즘의 기본 특징이 드러난다. 포스트모더니즘은 사물의 존재 방식이 '중심적'이 아니라 '탈중심적'이며, '연속적'이 아니라 '단절적'이고, '법칙적'이 아니라 '우발적'이며, '통일성'이 아니라 '다양성'이라고 본다. 여기에는 모더니즘의 이성주의에 대비되는 포스트모더니즘의 반이성주의 입장이 드러나 있다. 계몽주의에 의해 대표되는 모더니즘은 이성을 통해 보편적 진리를 파악할 수 있다고 보았지만, 포스트모더니즘은 이성의 한계를 지적하면서 보편적 진리를 파악할 수 없다고 본다. 또한 모더니즘은 진리를 인식할 수 있는 확실한 토대가 있다고 보았지만 포스트모더니즘은 그러한 확실한 토대가 없다고 본다. 그래서 모더니즘을 토대주의foundationalism라고 부르고 포스트모더니즘을 반토대주의anti-foundationalism라고 부르기도 한다.

포스트모더니즘은 이런 기본 관점을 바탕으로 모더니즘의 역사관을 비판한다. 푸코는 근대 계몽주의 시대의 문제틀을 해체할 것을 주장하면서 다음과 같이 말한다. 계몽주의는 무지에 대한 지식의 투쟁, 환상에 대한 이성의 투쟁, 편견에 대한 경험의 투쟁, 오류에 대한 이성의 투쟁을 진보로 간주했지만 이 사고방식은 해체되어야 한다. 왜냐하면 그 투쟁은 지식과 무지 사이의 투쟁이 아니라 수많은 지식들 상호 간의 투쟁이며 그 배후에는 자본과 권력이 자리 잡고 있기 때문이다. 근대에 학문과 지식이 발전하는 과정을 살펴보면 더 포괄적이고 기업적인 지식들, 다시 말해 보다 상품성이 있는 지식들이 지역적인 특수한 지식들을 흡수하거나 몰아냈는데, 그 배후에는 거대한 경제적, 정치적 투쟁이 자리 잡고 있다. 경제적으로 비용이 많이 드는 사소한 지식들은 제거되며, 지식들은 규격화·등급화되고, 나아가 중심적인 지식과 주변적인 지식으로 차별화된다. 지식은 자본과 권력의 영향으로부터 벗어날 수 없다.

역사적 지식도 마찬가지다. 역사적 지식도 그 배후에는 자본과 권력의 투쟁이 자리를 잡고 있기 때문에 보편적 진리라고 주장할 수 없다. 역사적 지식은 그것이 아무리 그럴듯한 모습을 갖춘다고 할지라도 역사의 법칙을 발견할 수 없다. 역사적 지식은 보편적 진리가 아니라 여러 권력들의 투쟁 속에서 형성된 잠정적 지식에 불과하다. 이성을 통해 역사의 보편적 법칙을 인식할 수 있다는 역사주의는 더 이상 지속될 수 없다. 우리는 역사 속에서 보편적인 발전 법칙이 아니라 여러 이해관계가 뒤얽힌 권력투쟁만을 볼 수 있을 따름이다. 그렇기 때문에 푸코는 이성을 통해 역사의 법칙이나 보편적 진리를 발견하려는 모더니즘적 역사관의 거대 담론은 포기해야 한다고 주장했다. 대신 감옥이나 공장, 학교와 같은 작은 공간에서 작용하고 있는 미시적 권력 관계를 분석하는 데 집중해야 한다고 말했다.

이처럼 모더니즘의 역사관은 이성주의에 입각하여 역사의 보편적 법칙과 절대적 진리를 추구하지만, 포스트모더니즘은 반이성주의에 입각하여 거대 담론을 비판하고 미시적 차원에서 권력 관계 등을 분석하는 데 집중한다.

이슈 5

국가 vs. 문명
사회와 역사 탐구의 기본 단위는 무엇인가?

    칸트와 헤겔, 마르크스는 계몽주의적 전통을 계승하여 인류 역사에 보편적 발전 법칙이 존재하며 이성을 통해 이러한 법칙을 인식할 수 있다고 주장했다. 이들은 특정한 국가만이 아니라 모든 인류에게 적용되는 보편적인 역사 법칙을 발견하려고 했으며, 이 법칙이 개별 국가의 발전 과정에도 그대로 적용된다고 보았다.

    대부분의 근대 사상가들과 마찬가지로 이들에게 있어서도 사회와 역사를 탐구하고 분석하기 위한 기본 존재 단위는 국가였다. 18~19세기는 중앙집권적인 근대 국가가 형성되어 국가가 강력한 힘을 발휘하던 시대로, 사회적 삶은 국가를 중심으로 영위되었다. 따라서 이들의 주요 관심사는 독립적 존재 단위인 개별 국가가 어떤 발전 과정을 거치는지를 보편적 역사 법칙을 통해 규명하는 것이었다.

    그렇지만 냉전 체제의 붕괴와 세계화의 진전으로 인해 이데올로기와 국가의 역할이 약화되었고, 사회와 역사를 분석하고 이해하기 위한 존재론적 기본 단위나 영역을 다시 설정할 필요성이 생겼다. '국민 국가' 패러다임이 여전히 유효하다는 주장도 있지만 탈냉전과 세계화라는 상황에서는 새로운 패러다임이 요구된다는 주장이 제기되었다.

새뮤얼 헌팅턴$^{Samuel\ Huntington,\ 1927~}$*은 냉전 이후에 새롭게 변화된 세계 정세를 제대로 파악하기 위해서는 '문명 충돌$^{The\ Clash\ of\ Civilizations}$'이라는 새로운 패러다임이 필요하다고 보면서 다음과 같이 주장했다.

탈냉전 시대에 들어오면서 깃발이나 십자가, 초승달 같은 문화적 정체성을 표현하는 상징물이 중요해진다. 문화의 중요성이 부각되면서 문화 정체성이 대부분의 사람들에게 가장 중요한 문제로 부각되고 있다. 탈냉전 시대에서 사람과 사람을 나누는 가장 중요한 기준은 이념이나 정치, 경제가 아니라 문화다. 사람들은 조상, 종교, 언어, 역사, 가치관, 관습을 바탕으로 스스로를 규정하면서 가장 넓은 의미에서 '문명'이라고 하는 문화적 집단에 자신을 귀속시킨다. 이제 세계 정치는 문화와 문명의 경계선을 따라 재편되고 있다. 현대 사회에서 가장 위험한 분쟁은 이렇게 서로 다른 문명과 문명이 만나는 단층선에서 발생한다.

:: 새뮤얼 헌팅턴
미국의 정치학자. 하버드 대학에서 박사학위를 받았으며, 현재 하버드 대학의 앨버트 웨더헤드 석좌교수이자 존 올린 전략 연구소 소장으로 활동하고 있다. '문명충돌론'을 주장해 세계적으로 널리 알려졌다.

그래서 헌팅턴은 이러한 상황을 고려하여 새로운 '문명 패러다임'이 요구된다고 말했다. 그는 세계를 7~8개의 문명권으로 구분하는데, 여기에는 중국, 일본, 힌두, 이슬람, 정교, 서구, 아프리카, 라틴아메리카 등이 있다.

헌팅턴의 문명 패러다임은 본인이 언급하고 있듯이 슈펭글러나 토인비 등이 주장했던 '문명 사관'에서 착안한 것이다. 토인비는 현재까지 살아남아 있는 주요 문명을 '서구 사회', '정교 사회', '이슬람 사회', '힌두 사회', '극동 사회'로 구분한다. 이러한 문명 구분은 기본적으로 거대 종교, 즉 기독교, 정교, 이슬람교, 힌두교, 유교를 바탕으로 한 것인데, 헌팅턴도 이 구도를 따라 거대 종교를 중심으로 문명을 구분하고 있다. 토인비가 역사의 연구 단위를 '문명'으로 본 이유는, 민족이나 국가는 문명의 한 부분으로서 기능하며 따라서 '문명'이라는 전체 속에서만 민족이나 국가를 제대로 이해할 수 있다고 보았기 때문이다. 이러한 '문명' 단위의 역사 탐구는 19세기와 20세기 초반에 널리 유행했던 민족주의, 나아가 이를 기반으로 한 제국주의에 대한 반발이라고 볼 수 있다.

하지만 헌팅턴의 '문명 충돌론'은 몇 가지 문제점을 안고 있다. 첫 번째는 그가 문명을 규정하는 핵심적 특성을 종교로 인식하고 이를 중심으로 문명을 구분했다는 점이다. 기독교, 이슬람교, 힌두교, 유교를 중심으로 한 문명의 분류가 그 전형적인 경우다. 그렇다면 일본이나 라틴아메리카, 아프리카 문명은 어떤 종교와 관련되어 있는가? 이에 대해 헌팅턴은 분명한 설명을 하지 못한다. 그는 세계적 차원에서 힘을 발휘하고 있는 현실 정치 세력을 중심으로 문명을 구분한 다음 여기에 종교적 요소를 인위적으로 결합시켰다고 볼 수 있다. 또한 문명의 구분에서 종교가 과연 결정적 요소로 작용하는지에 대해서도 문제를 제기할 수 있다. 근대 이후에 대다수의 국가들이 근대화 과정을 겪으면서 '세속화' 경향을 보이고 있는데, 이러한 경향에 역행하여 종교를 우리의 삶의 중심에 두는 것은 시대착오적이다.

그리고 문명 충돌론은 여전히 국민 국가의 경계선을 중심으로 국가적 차별이 존재하는 현실 속에서 사활이 걸린 경제적 이해관계의 대립을 은폐하는 역할을 할 수 있다. 갈등과 분쟁의 원인은 하나가 아니라 다양하다. 영토의 확장, 자원의 확보, 시장의 확대, 종교적 열정, 이데올로기적 차이, 인종차별, 빈부 격차, 비민주적인 정부 등 다양한 요소가 전쟁의 원인이 되고 있으며, 때로는 이 요인들이 복합적으로 작용하기도 한다. 그리고 이 중에서도 경제적 요소나 정치적 요소가 갈등과 분쟁의 주요 원인인 경우가 많다. 따라서 종교가 중심이 된 문명들 사이의 차이를 갈등과 분쟁의 주요 원인으로 간주하는 헌팅턴의 입장은 설득력이 부족하다. 경제적 이해관계나 정치적 이해관계에 따라 동일한 문명권 내부에서 갈등과 분쟁이 발생하기도 하고, 서로 다른 문명권에 속하는 세력들 사이에 동맹 관계가 형성되기도 한다. 그가 '이슬람의 피 묻은 경계선'이라고 부르면서 문명 간의 충돌이 가장 많이 발생한 곳으로 지목한 중동 지역의 분쟁도 사실은 국가 사이의 경제적 이해관계가 주요 원인으로 작용하고 있다. 이슬람 근본주의도 중동 지역에서 악화되고 있는 사회적·경제적 문제에 그 뿌리를 두고 있다. 따라서 중동 지역에서의 분쟁은

'문명의 충돌'이나 '종교의 충돌'이 아니라 '이해관계의 충돌'이다. 문명적 차이, 특히 종교적 차이가 그 자체로서 충돌을 직접적으로 일으킨다기보다는 그 배후에 있는 경제적·사회적 문제가 갈등의 주요 원인이 되고, 여기에 종교적·문명적 요소가 결합되어 촉매 역할을 한 것이다.

역사 탐구의 존재론적인 기본 단위를 '민족'이나 '국가'보다 더 크게 확대하려는 시도는 이외에도 다양한 관점에서 이루어지고 있다. 마르크스주의와 아날학파* 페르낭 브로델 Fernand Braudel, 1902~1985의 영향을 받은 월러스틴은 민족 국가가 장기적으로 발전한다든가 상대적으로 자율적인 사회라는 주장은 타당하지 않으며, 사회 연구의 적절한 분석 단위는 '민족 국가'가 아니라 '세계 체제'라고 주장한다. 그에 따르면 세계 체제는 다른 체제로 이행이 가능한 역사적 체제이며, 근대에 형성된 세계 체제로서의 자본주의 경제는 중심부가 주변부로부터 잉여가치를 착취하는 형태를 띤다. 자본주의적 세계 경제는 16세기부터 지구상에 존재하게 되었으며, 오늘날 전 세계는 하나의 세계 체제인 자본주의 경제의 틀 속에서 움직이고 있다.

이러한 월러스틴의 세계 체제론은 유물론적 역사관이나 착취론과 같은 마르크스주의의 기본 틀은 받아들이되, 개별 국가적 차원을 넘어서서 세계적 차원에서 자본주의 경

∷ 아날학파
'아날'은 1929년 창간된 역사학 잡지 〈사회 경제사 연보 Annales d' Histoire economique et sociale〉에 등장한 말로 이 잡지를 중심으로 활동하는 역사가들을 '아날학파'라고 한다. 그들은 사회적 현실을 유기체로 간주하여 정치, 개인, 연대기 중심의 역사학을 비판하고, 그 대신에 사회의 전체 구조와 생활사를 중시했다.

제를 분석하려고 시도한다. 헌팅턴은 월러스틴의 이론을 '양분 세계' 패러다임이라고 규정하면서 두 개의 세계를 상정한다고 평가하지만, 월러스틴의 세계 체제론은 '세계 체제'라는 단 하나의 세계만을 상정한다고 보아야 한다. 하지만 그 하나의 세계는 조화의 세계가 아니라 중심부와 주변부, 반#주변부로 분열되어 있는 대립과 갈등의 세계다.

헌팅턴의 '문명'이나 월러스틴의 '세계 체제' 개념을 넘어서서 더 포괄적이고 통합적으로 세계를 이해하려는 시도로는 안토니오 네그리$^{Antonio\ Negri,\ 1933~}$가 제시한 '제국' 개념이 있다. 마르크스주의와 포스트모더니즘의 영향을 받은 네그리는 제국주의의 붕괴와 사회주의의 몰락, 전 지구화의 확산으로 인해 근대를 지배하던 '국민 국가'의 주권은 쇠퇴하고 그 대신에 전 지구적 차원의 새로운 권력 형태가 들어서고 있는데, 이것이 바로 '제국'이라고 말한다. 네그리는 '제국'이 기존의 '제국주의^{imperialism}'와는 다른 패러다임이라고 말한다. '국민 국가'는 지배 권력을 행사하는 한계로서 국경선이라는 경계를 분명하게 갖고 있었으며, '제국주의'는 국민 국가의 주권이 자신의 경계를 넘어 밖으로 확장된 것으로서 이것 역시 그 중심은 '국민 국가'이다. 이에 비해 '제국'은 탈중심화된 지배 장치로서 국민 국가의 경계를 넘어 전 지구적 차원에서 권력을 행사하고 있다. 또한 헌팅턴의 '문명 패러다임'처럼 개별 '문명'을 기본 단위로 삼는 것이 아니라 모든 문명들을 통합하는 하나의 체계를 기본 단위로 삼는다. 네그리는 '제국'의 단계에서는 착취와 불평등의 구조가 국민 국가의 경계선을 기준으로 형성되지 않고 전 지구적 차원에서 다양한 방식으로 융합되어 있기 때문에 월러스틴의 중심부와 주변부라는 단순한 도식은 한계가 있다고 비판한다.

  냉전 체제의 해체, 교통 통신의 발달, 전 지구적 차원의 교류 확대로 인해서 우리의 삶의 영역이 공간적으로 확대된 것은 사실이다. 그렇지만 아직도 '국가'는 정치적·사회적 삶이 영위되는 기반으로서 우리의 삶에 많은 영향을 미치고 있다. 세계무역기구^{WTO}에 의해 대표되는 전 지구화 시대에도 상품과 자본의 이동은 자유로워졌지만 노동력의 이동은 많은 제약을 받고 있는데, 이것은 여전히 민족적·국가적 차별이 존재한다는 것을 보여준다. 헌팅턴은 시대적 경향으로 국가의 약화와 국제 기구의 강화를 언급하고 있다. 하지만 이것은 유럽 연합^{EU}으로 통합을 추진하고 있는 서부 유럽을 모델로 삼은 것이지 다른 지역에서도 보편적으로 일어나는 현상이라고 볼 수는 없다. 네그리는 세계적 차원에서 이루어지고 있는 노동자들의 '이주' 또는 '유목'이 '이동성'을 증진시킴으로써 정치적 갈등을 표출하고 체제의 파괴에 기여할 수 있는 중요한 요소라고 간주하지만, 아직도 '이주'는 국가를 경계로 하여 제한적으로만 이루어지고 있다. 이민이나 여행, 취업을 위한 비자를 받기 위해 미국 대사관 앞에서 수백 미터의 줄을 서 있는 사람들에게서 볼 수 있듯이, 노동자들의 '이동성'은 아직도 국경이라는 높은 장벽에 막혀 있다. 네그리는 '네트워크^{network}'나 '리좀^{rhizome}' 개념을 통해 권력의 탈중심성을 주장하지만, 미국을 비롯한 몇몇 강대국에 여전히 힘이 집중되어 있고 국가별 경계선의 장벽도 높은 편이다. 따라서 이런 현실적 상황에서 '문명'이나 '제국' 패러다임으로의 성급한 전환은 '국가'의 현실적 힘을 간과하고, 국가를 기반으로 하는 사회적 삶이나 역사의 전개 과정을 제대로 파악하지 못하게 만들 수 있다.

그동안 사회와 역사의 기본 분석 단위로 기능했던 '국가' 패러다임을 폐기하고 그 대신에 '문명'이나 '세계 체제', '제국' 등의 패러다임을 수용해야 하는가? 이 문제는 결국 우리가 삶을 영위하고 있는 기본 영역, 또는 우리의 삶에 가장 커다란 영향력을 행사하고 있는 기본 영역을 무엇으로 볼 것인가와 관련되어 있다.

에필로그
Epilogue

1 지식인 지도
2 지식인 연보
3 키워드 찾기
4 깊이 읽기
5 찾아보기

Epilogue1

지식인 지도

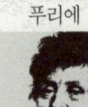
스미스

리카도

영국 고전 경제학

생시몽 푸리에

프랑스 사회주의

그람시

루카치

베버

카우츠키

레닌

정통 마르크스주의

호르크하이머

아도르노

마르쿠제

하버마스

프롬

프랑크푸르트학파

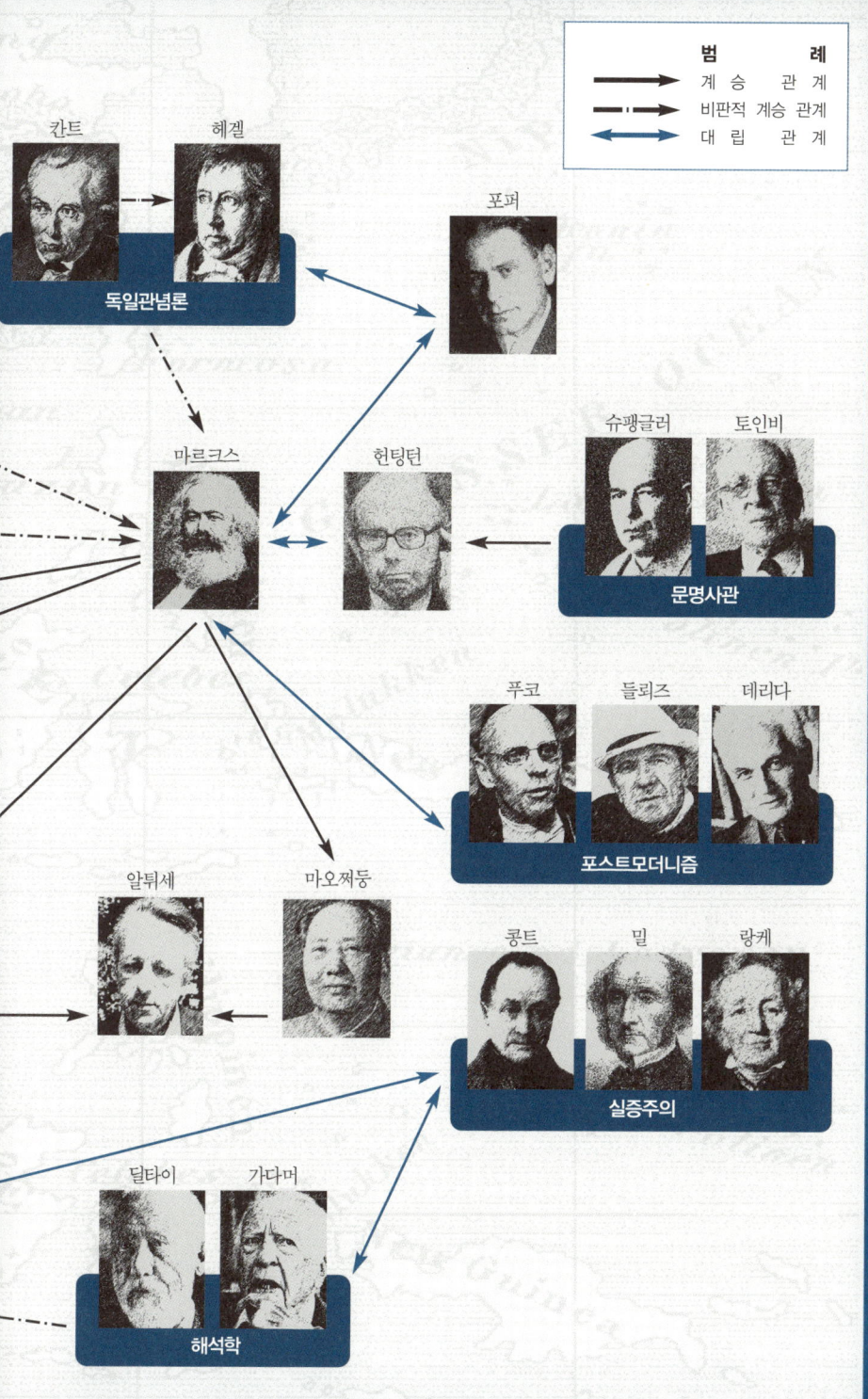

Epilogue2

지식인 연보

• 헤겔

1770	독일 슈투트가르트에서 출생
1776	미국 독립 선언, 애덤 스미스 《국부론》 출간
1781	칸트, 《순수이성비판》 출간
1784	칸트, 〈세계시민적 관점에서 본 보편사의 이념〉 출간
1788	튀빙겐 대학 입학하여 셸링과 교우. 칸트, 《실천이성비판》 출간
1789	프랑스 혁명
1790	칸트, 《판단력 비판》 출간
1801	예나 대학 강사로 취임
1804	나폴레옹 황제 즉위. 칸트 사망
1806	나폴레옹 혁명군에게 프로이센 패배. 예나에서 나폴레옹 목격
1807	《정신현상학》 출간
1816	하이델베르크 대학 교수로 취임. 《논리학》 출간
1821	베를린 대학 총장 취임. 프랑스 7월 혁명
1831	콜레라에 걸려 사망
1837	제자 에듀어드 간스에 의해 《역사철학강의》 출간

• 마르크스

1818	라인 주 트리어에서 출생
1820	라인 주 바르멘에서 프리드리히 엥겔스 출생
1836	베를린 대학 입학
1841	철학박사학위 취득
1842	급진적 정치 신문인 〈라인 신문〉의 편집장을 맡음
1843	〈라인 신문〉 폐간과 함께 파리로 이주
1844	〈헤겔 법철학 비판 서설〉 출간. 《경제학 – 철학 수고》 저술, 파리에서 엥겔스와 만남. 독일 철학자 니체 출생
1846	엥겔스와 공동으로 《독일 이데올로기》 저술
1848	프랑스 2월 혁명을 비롯하여 유럽에서 공화정 혁명 엥겔스와 공동으로 《공산당 선언》 출간
1850	유럽 혁명 실패로 영국으로 망명
1852	《1848년에서 1850년 사이의 프랑스 계급투쟁》 출간
1859	《정치경제학 비판》 출간
1864	마르크스가 적극 참여한 국제노동자협회(제1인터내셔널) 창립
1867	《자본론》(제1권) 출간
1871	프랑스 노동자 혁명 '파리코뮌' 선포. 《프랑스 내전》 출간
1875	〈고타강령 비판〉 출간
1883	런던에서 평생의 친구 엥겔스가 지켜보는 가운데 사망
1885	《자본론》(제2권) 엥겔스에 의해 출간
1894	《자본론》(제3권) 엥겔스에 의해 출간

Epilogue3

키워드 찾기

- **가족**^{family} 개인의 자유가 인정되지 않은 상태에서 사랑을 매개로 결합된 공동체. 헤겔은 전근대적 사회 형태를 가리켜 '가족'이라는 용어를 사용했다. 이와 대립되는 용어로 시민사회와 국가가 있다.
- **국가**^{state} 개인의 자유와 사회의 공동체성이 통합된 사회 형태. 여기서는 개인의 자유가 인정될 뿐만 아니라 공동체의 유대감도 유지된다. 헤겔은 가족과 시민사회가 변증법적으로 지양된 사회 형태가 국가라고 보았다.
- **시민사회**^{civil society} 개인들이 자신의 욕구를 충족시키기 위해 결합된 사회 형태. 여기서는 개인의 자유, 특히 사유재산을 자유롭게 소유할 수 있는 자유가 인정된다. 헤겔은 근대 자본주의 사회를 가리키기 위해 이 용어를 사용했다. 이와 대립되는 용어로 가족과 국가가 있다.
- **객관주의**^{objectivism} 사실에 대한 객관적 인식이 가능하다는 입장. 실증주의적 역사관은 관찰을 통해 역사적 사실을 가치중립적인 입장에서 객관적으로 인식할 수 있다고 본다. 주관주의와 대립되는 용어로 사용된다.
- **계몽주의**^{the Enlightenment} 이성에 대한 절대적 신뢰를 바탕으로 인류 역사가 점차 이성적인 방향으로 진보한다고 보는 사상. 18~19세기 서양 사회에 커다란 영향을 주었다.
- **관념론**^{idealism} 인식의 과정에서 관념(정신)이 1차적이며 물질은 2차적이라고 주장하는 이론. 물질적 현상은 관념에 의해 구성된 것이라고 본다. 유물론 또는 실재론에 대립되는 용어로 사용된다.
- **유물론**^{materialism} 인식의 과정에서 물질이 1차적이며 관념은 2차적이라고 주장하는 이론. 물질은 관념으로부터 독립되어 존재하며, 이러한 물질적 현상이 반영된 것이 관념이라고 본다. 관념론에 대립되는 용어로 사용되며 때로는 실

재론이라고 불리기도 한다.

- **관념론적 역사관**^{the idealist conception of history} 역사를 관념론적인 관점에서 해석하는 이론. 물질이 아니라 정신이 역사를 움직이는 원동력이라고 본다. 대표적인 학자로는 헤겔이 있다. 유물론적 역사관에 대립되는 용어로 사용된다.
- **닫힌 미래**^{closed future} 역사가 법칙에 따라 전개될 경우에 우리의 의지와는 상관없이 필연적으로 다가오는 미래. 열린 미래에 대립되는 용어로 사용된다.
- **열린 미래**^{open future} 인간의 의지에 따라 다양한 방향으로 전개될 수 있는 미래. 닫힌 미래에 대립되는 용어로 사용된다.
- **마르크스주의**^{Marxism} 마르크스가 주장한 사상 체계. 변증법적 유물론, 유물론적 역사관, 소외론 등으로 이루어진 철학 사상, 정치경제학으로 불리는 경제학 사상, 사회주의 혁명이론 등으로 이루어진 사회주의 사상이 그 핵심을 이룬다.
- **모더니즘**^{modernism} 이성을 중시하는 근대적 사고방식. 이성을 통해 보편적 법칙이나 진리를 파악할 수 있다고 본다. 이를 대표하는 입장으로는 계몽주의가 있다.
- **포스트모더니즘**^{postmodernism} 모더니즘의 이성중심주의를 비판하는 탈근대적 사고방식. 이성이 지닌 한계로 인해 보편적 법칙이나 진리를 인식할 수 없다고 본다. 모더니즘과 대립되는 용어로 사용된다.
- **모순**^{contradiction} 두 사물이나 주장이 서로 양립할 수 없는 상태. 또는 두 사물이나 힘이 서로 갈등하거나 대립하는 상태를 가리키는 의미로 사용되기도 한다.
- **물질적 토대**^{material foundation} 생산력과 생산관계가 결합되어 일정한 방식으로 생산 활동이 이루어지는 생산양식. 이것이 상부구조의 형태를 규정하기 때문에 경제적 토대라고도 한다.
- **법치시민사회**^{the civil society of law} 법이 지배하는 시민사회. 칸트는 개인의 자유를 최대한 보장해주기 위해서는 이러한 사회가 형성되어야 한다고 주장했다.
- **변증법**^{dialectics} 모든 사물은 대립과 갈등을 통해 끊임없이 변화하며 또한 서로 긴밀하게 연관되어 있다고 보는 이론. 헤겔에 의해 체계화되었으며 마르크스도 이를 받아들였다.
- **변증법적 유물론**^{dialectic materialism} 물질이 변증법적 운동을 한다는 이론. 헤겔은 정신이 변증법적 운동을 한다고 보는 데 반해 마르크스는 변증법과 유물론을 결합하여 물질이 변증법적인 운동을 한다고 보았다.

- **실증주의**^{positivism} 관찰과 실험을 통해 객관적으로 확인된 사실만을 과학적인 것으로 간주하는 입장. 이를 체계화한 대표적인 학자로는 콩트와 밀이 있다. 이와 대립되는 입장으로는 해석학이 있다.
- **역사주의**^{historicism} 역사에는 필연적 법칙이 존재하며 이에 대한 인식을 통해 미래를 예측할 수 있다는 입장. 법칙주의와 관련성이 깊다.
- **역사철학**^{the philosophy of history} 역사와 관련된 근본 문제들을 철학적으로 탐구하는 학문. 역사의 법칙이나 원동력의 문제, 역사 속에서 개인과 영웅의 역할 문제, 역사에 대한 객관적 인식의 문제 등을 주로 다룬다.
- **유물론적 역사관(유물사관)**^{the materialist conception of history} 역사를 유물론적 관점에서 해석하는 이론. 정신이 아니라 물질적 생산 활동이 역사를 움직이는 원동력이라고 본다. 마르크스가 체계화했으며 역사적 유물론이라고 불리기도 한다. 관념론적 역사관과 대립되는 용어로 사용된다.
- **이성주의**^{rationalism} 이성에 대한 신뢰를 바탕으로 이성이 보편적 진리를 인식할 수 있으며 또한 이성의 힘에 의해 사회가 점차 이성적인 방향으로 나아간다고 보는 입장. 이러한 입장을 잘 보여주는 것이 근대 계몽주의다.
- **주관주의**^{subjectivism} 사실에 대한 객관적 인식이 불가능하며 거기에는 주관이나 가치가 개입할 수밖에 없다는 입장. 객관주의와 대립되는 용어로 사용된다.
- **진보주의**^{progressivism} 인류의 역사가 더 좋은 방향으로 발전한다는 입장. 퇴보론 또는 종말론과 대립되는 용어로 사용된다.
- **사회주의**^{socialism} 자본주의의 사적 소유가 폐지되고 공동 생산, 공동 분배가 이루어지는 사회. 이 경우에는 공산주의와 같은 의미로 사용된다. 또는 공산주의의 낮은 단계로서 프롤레타리아 독재와, 노동에 따른 분배가 실시되는 사회를 의미한다.
- **공산주의**^{communism} 자본주의의 사적 소유가 폐지되고 공동 생산, 공동 분배가 이루어지는 사회. 또는 공산주의의 낮은 단계인 사회주의와 구분하여 계급이 완전히 사라지고 필요에 따른 분배가 실시되는 높은 단계의 사회.
- **상부구조**^{superstructure} 법, 정치와 같은 사회제도 및 종교, 사상, 철학과 같은 사회적 의식을 가리킴. 이것은 물질적 토대인 생산양식에 의해 규정된다.
- **생산양식**^{the mode of production} 물질적 생산 활동이 이루어지는 방식. 이것은 생산력의 수준과 이에 상응하는 생산관계로 구성된다. 마르크스는 원시 공동체, 고대 노예제, 중세 봉건제, 근대 자본주의, 공산주의를 생산양식의 사례로 제시

한다.
- **세계시민사회**cosmopolitan society 지구상의 모든 사람들이 세계시민으로서의 권리를 누릴 수 있는 사회. 칸트는 특히 국경선에 구애받지 않고 세계 각지에서 자유로우면서도 평화롭게 살 수 있는 권리를 강조한다.
- **프랑크푸르트학파**the Frankfurt School 1920년대 독일의 프랑크푸르트를 중심으로 형성된 비판이론가들의 모임. 실증주의를 비판하면서 마르크스주의를 중심으로 베버, 프로이트 등의 이론을 수용하여 현대 사회를 분석하고 비판했다. 대표적인 이론가로는 호르크하이머, 아도르노, 마르쿠제, 프롬, 하버마스 등이 있다.
- **해석학**hermeneutics 인간과 사회 현상을 탐구할 때는 거기에 표현된 인간의 내면적인 의도나 목적을 이해하고 해석하는 것이 중요하다는 입장. 실증주의적 방법론에 대항하여 형성되었다. 이를 체계화한 대표적인 학자로는 딜타이와 가다머가 있다.

Epilogue 4

깊이 읽기

❖ **일반 참고문헌**

역사철학과 관련된 칸트, 헤겔, 마르크스의 주요 저술들 중에서 일반인도 쉽게 접할 수 있는 한국어 번역본 및 해설서, 그리고 기본적인 역사철학 개론서를 소개하면 아래와 같다.

- 칸트, 《칸트의 역사철학》 – 서광사, 1992

칸트는 역사철학에 대한 단독 저서를 출판하지 않았지만 이와 관련된 여러 논문을 저술했는데, 이 책은 그런 논문들을 모아놓은 것이다. 여기에는 〈계몽이란 무엇인가에 대한 답변〉, 〈세계시민적 관점에서 본 보편사의 이념〉 등이 실려 있다.

- 칸트, 《영원한 평화를 위하여》 – 서광사, 1992

칸트가 국제관계를 다룬 논문 〈영구평화론〉을 번역한 책이다. 인류의 역사가 전쟁 상태에서 평화 상태인 세계시민사회로 진보한다고 보면서 이를 위한 도덕적·정치적 원리를 밝힌다.

- 헤겔, 《법철학》 – 지식사업사, 1996

헤겔이 사회의 발전 과정과 그 원리를 변증법적으로 설명한 사회철학 저술이다. 그는 사회가 가족, 시민사회의 단계를 거쳐 국가 형태로 발전한다고 보았다.

- 헤겔, 《역사철학강의》 – 삼성출판사, 1989

헤겔이 대학에서 역사철학에 대해 강의했던 내용들을 모아 출판한 책이다. 헤겔이 이성과 자유 개념을 바탕으로 역사의 발전 과정과 원리를 어떻게 설명하고 있는지 알 수 있다.

- 마르크스·엥겔스, 《독일 이데올로기》 – 두레, 1989

마르크스와 엥겔스가 관념론적 역사관을 비판하면서 유물론적 역사관을 체계화한 책이다. 이 책은 원전을 완역한 것이 아니라 일부분만을 번역한 것이다.

- 마르크스, 《정치경제학 비판을 위하여》 - 중원문화, 1989

마르크스가 자본주의 경제를 분석한 책으로 나중에 《자본론》의 토대가 된다. 특히 이 책의 서문에는 유물론적 역사관의 핵심 요점이 한 쪽 분량으로 명료하게 정리되어 있다.

- 마르크스, 《자본론》 - 비봉출판사, 2001

마르크스가 자본주의 경제의 운영 원리와 그 문제점을 분석한 경제학 책이다. 그는 자본주의 경제가 내적 모순으로 인해 필연적으로 붕괴할 수밖에 없음을 주장한다.

- E. H. 카, 《역사란 무엇인가》 - 한림미디어, 1996

실증주의를 비판하는 입장에서 쓴 역사이론 책이다. 카는 일반인들도 쉽게 접근할 수 있도록 다양한 역사적 사례를 통해 자신의 견해를 밝힌다.

- 차하순, 《사관이란 무엇인가》 - 청람, 2001

여러 필자들이 다양한 역사관에 대해 설명한 책이다. 여기에는 역사주의, 실증주의, 마르크스주의, 기독교, 토인비 등의 역사관이 소개되어 있다.

- 손철성, 《마르크스·엥겔스 '독일 이데올로기'》 - 서울대 철학사상연구소, 2003

유물론적 역사관의 주요 개념을 중심으로 《독일 이데올로기》를 분석한 책이다. 여기서는 역사적 유물론, 사회구성체, 이데올로기, 소외, 공산주의 혁명, 공산주의 사회 등의 개념이 구체적으로 다루어진다.

- 손철성, 《자본론: 자본의 감추어진 진실 혹은 거짓》 - 풀빛, 2005

마르크스의 《자본론》은 총3권으로 구성된 방대한 저술이며 그 내용도 상당히 어렵기 때문에 그 핵심 내용을 간추려 알기 쉽게 풀어 썼다.

❖ 그 외의 참고문헌

이 외에도 이 책을 쓰면서 참조했던 주요 저술들을 나열하면 다음과 같다.

김응종, 《아날학파의 역사세계》, 아르케, 2002.

손철성, 《유토피아, 희망의 원리》, 철학과 현실사, 2003.
_____, 《허버트 마르쿠제》, 살림, 2005.
한국철학사상연구회, 《현대 사회와 마르크스주의 철학》, 동녘, 1992.
_____, 《철학대사전》, 동녘, 1989.
Adorno, T., "Zur Logik der Sozialwissenschaften", Adorno T. u.a., *Der Positivismusstreit in der deutschen Soziologie*, Luchterhand Verlag, 1972.
Afanascief, V., 《역사적 유물론》, 김성환 역, 백두, 1988.
Althusser, L., *For Marx(1965)*, tr. Ben Brewster, NLB, 1977.
_____, *Reading Capital(1968)*, tr. Ben Brewster, Verso, 1970.
Beck, U., 《정치의 재발견》, 문순홍 역, 거름, 1998.
Callinicos, A., 《마르크스의 사상》, 정성진, 정진성 역, 북막스, 2001.
Deleuze, G. & Guattari, F., 김재인 역, 《천개의 고원》, 새물결, 2001.
Dilthey, W., 《체험, 표현, 이해》, 이한우 역, 책세상, 2002.
Dray, W., 《역사철학》, 황문수 역, 문예출판사, 1986.
Elster, J., *An Introduction to Karl Marx*, Cambridge University Press, 1986.
_____, *Making Sense of Marx*, Cambridge University Press, 1985.
Engels, F., "Grundsätze des Kommunismus", MEW(Marx Engels Werke) 4.
_____, *Anti-Dühring*, MEW 20.
_____, *Ludwig Feuerbach und der Ausgang der klassischen deutschen Philosophie*, MEW 21.
Feuerbach, L., *Das Wesen des Christentums*, Ludwig Feuerbach Werke 5, Suhrkamp, 1976.
Foucault, M., 《사회를 보호해야 한다》, 박정자 역, 동문선, 1998.
Gramsci, A., *Selections From The Prison Notebooks of Antonio Gramsci*, ed. Q. Hoare & G. Nowell Smith, Lawrence and Wishart, 1971.
Guthrie, W. K. C., 《희랍철학입문》, 박종현 역, 종로서적, 1988.
Habermas, J., "Analytische Wissenschaftstheorie und Dialektik", T. Adorno u.a., *Der Positivismusstreit in der deutschen Soziologie*,

Luchterhand, 1972.

_____, *Erkenntnis und Interesse*, Suhrkamp, 1973.

Hegel, G.W.F., *Phänomenologie des Geistes*, Suhrkamp, 1986.

_____, *Grundlinien der Philosophie des Rechts*, Suhrkamp, 1986.

_____, *Vorlesungen über die Philosophie der Geschichte*, Suhrkamp, 1986.

Horkheimer, M., "Traditional and Critical Theory", *Critical Theory: Selected Essays*, The Seabury Press, 1972.

Huntington, S.,《문명의 충돌》, 이희재 역, 김영사, 1997.

Hyppolite, J.,《헤겔의 정신현상학》, 이종철 역, 문예출판사, 1989.

Jay, M., *The Dialectical Imagination*, Little, Brown & Company, 1973.

Kant, I., *Practical Philosophy*, ed. M. J. Gregor, Cambridge University Press, 1996.

_____,《순수이성비판》, 백종현 역, 아카넷, 2006.

_____,《실천이성비판》, 백종현 역, 아카넷, 2002.

Kellner, *Herbert Marcuse and the Crisis of Marxism*, MacMillan, 1984.

Konstantinov, F. V.,《사적 유물론》, 김창선 편역, 새길, 1988.

Laclau, E. / Mouffe, C., *Hegemony & Socialist Strategy*, Verso, 1985.

Lenin, W. I., *What is to be done?*, Lenin Collected Works 5, Progress Publishers, 1975.

Lukacs, G.,《역사와 계급의식》, 박정호 역, 거름, 1997.

MacIntyre, A., *After Virtue*, University of Notre Dame Press, 1984.

Marcuse, H.《이성과 혁명》김현일 역, 중원문화, 1984.

_____, *One-Dimensional Man*, Beacon Press, 1991.

Marx, K., "Zur Kritik der Hegelschen Rechtsphilosophie. Einleitung", MEW 1.

_____, "Thesen über Feuerbach", MEW 3.

_____ / Engels, F., *Die Deutsche Ideologie*, MEW 3.

_____ / Engels, F., *Manifest des Kommunistischen Partei*, MEW 4.

_____, *Zur Kritik der Politischen Ökonomie*, MEW 13.

_____, "Kritik des Gothaer Programms", MEW 19.

_____, *Das Kapital I*, MEW 23.
_____, *Ökonomisch-Philosophische Manuskripte(1844)*, MEW 40.
Meszaros, I., *Marx's Theory of Alienation*, The Merlin Press, 1975.
Müller, H., 《문명의 공존》, 이영희 역, 푸른숲, 2001.
Negri, A. & Hardt, H., 《제국》, 윤수종 역, 이학사, 2002.
Popper, K., *The Open Society and Its Enemies I*, Routledge & Kegan Paul, 1969.
_____, *The Poverty of Historicism*, Routledge, 1994.
Schaff, A., 《마르크스주의와 개인》, 김영숙 역, 중원문화, 1988.
Scanlan, J. P., 《소련의 마르크스주의》, 강재윤 역, 명문당, 1989.
Taylor, C., *Hegel and Modern Society*, Cambridge University Press, 1979.
_____, *Philosophy and the Human Sciences*, Cambridge University Press, 1985.
Toynbee, A., 《역사의 연구》, 삼성출판사, 노명식 역, 1982.
Vico, G. B., "The New Science", *Theories of History*, ed. P. Gardiner, The Free Press, 1969.
Wallerstein, I., 《역사적 체제로서의 자본주의》, 배손근 역, 1986.
_____, *Unthinking Social Science*, Polity Press, Cambridge, 1991.

⊙ 이 책의 저자와 김영사는 모든 사진과 자료의 출처 및 저작권을 확인하고 정상적인 절차를 밟아 사용했습니다. 일부 누락된 부분은 이후에 확인 과정을 거쳐 반영하겠습니다.

찾아보기

ㄱ

갈릴레이, 갈릴레오 Galilei, Galileo p12
게임이론 p148
《경제학-철학 수고》 p96, 104, 112, 113
경험론 p29, 30
계몽주의 p29, 31, 33, 34, 43, 46, 56, 69, 70-72, 89, 90, 91, 101
ㄴ.~적 역사관 p31
〈고타 강령 비판〉 p97
공동체주의 p72-74
《공산당 선언》 p93, 96, 129, 132, 133
공산주의 p91-94, 96, 98, 103, 115, 124, 126-150
과학적 사회주의 p125, 126
관념론 p29, 46, 56, 71, 99, 101, 102, 149-152, 156
《국가》 p125
국제연맹 p34
귀류법적 증명 p50
그람시, 안토니오 Gramsci, Antonio p146, 148
근원적 역사 p75
《기독교의 본질》 p105

ㄴ

나폴레옹 Napoléon p44, 82
네그리, 안토니오 Negri, Antonio p220
노동 p73, 74, 86, 87, 90, 103-124
노동자 p63, 64, 90, 92, 93, 95-97, 104-106, 113-124

노직, 로버트 Nozick, Robert p73
《논리학》 p45
뉴턴, 아이작 Newton, Isaac p13

ㄷ

닫힌 미래 p194-200
대립물의 통일 투쟁의 법칙 p60-66
대립성 p63
데리다, 자크 Derrida, Jacques p211
데모크리토스 Dēmocritos p51, 52
《독일 이데올로기》 p96, 113, 114, 135
들뢰즈, 질 Deleuze, Gilles p211, 212
딜타이, 빌헬름 Dilthey, Wilhelm p201, 202

ㄹ

라클라우, 에르네스토 Laclau, Ernesto p148
랑케, 레오폴트 Leopold von, Ranke p207
레닌, 블라디미르 Lenin, Vladimir p131, 133, 141-143
로크, 존 Locke, John p73, 109
롤스, 존 Rawls, John p73
루카치, 게오르크 Lukács, Georg p145, 146
룩셈부르크, 로자 Luxemburg, Rosa p142
리카도, 데이비드 Ricardo, David p100, 115

ㅁ

마르쿠제, 헤르베르트 Marcuse, Herbert p71, 72, 146
마르크스, 카를 Marx, Karl p90-96
마르크스주의 p70, 74, 95-99, 141-150,

195, 197, 219, 220
　└마르크스-엥겔스주의 p99
마오쩌둥 毛澤東 p141
매뉴팩처 p118
매킨타이어, 알래스데어 MacIntyre, Alasdair p73
모더니즘 p213-216
모순 p48, 60-65, 77, 78, 90, 100, 102, 119, 122, 123, 127, 140, 144, 147, 150, 160, 161
　└~의 법칙 p60-64
모어, 토머스 More, Thomas p125
무페, 샹탈 Mouffe, Chantal p148
물질적 생산 활동 p101, 124, 149, 150, 153, 154
미네르바의 올빼미 p76
민중사관 p19
밀, 존 스튜어트 Mill, John Stuart p73

ㅂ

반사회성 p37, 48
반사회적 사회성 p37
반성적 역사 p75
반정립 p67
방법론적 일원론 p201, 202, 204
배런, 폴 Baran, Paul p144
《법철학》 p45, 110
법칙주의 p33, 34, 70, 101, 124
베냐민, 발터 Benjamin, Walter p72
베른슈타인, 에두아르트 Bernstein, Eduard p142
베버, 막스 Weber, Max p146
벡, 울리히 Beck, Ulich p201
변증법 p43-74, 77, 90, 100, 110, 124, 149, 150
　└~적 관념론 p46
　　~적 유물론 p71, 90, 99-101
부동(不動)의 일자(一者) p48

부르주아지 p97, 131
부정의 부정 법칙 p65-68
분배
　└노동에 따른 분배 p97, 133, 138
　　필요에 따른 분배 p98, 133, 138, 141, 167
분석적 마르크스주의자 p147
분업 p111, 113-115, 118, 127, 135, 136, 138, 145, 1535
브로델, 페르낭 Braudel, Fernand p221
비코, 잠바티스타 Vico, Giambattista p27, 28
빈델반트, 빌헬름 Windelband, Wilhelm p201, 204

ㅅ

사르트르, 장 폴 Sartre, Jean Paul p146
사적 소유 p73, 95, 102, 103, 109-115, 119, 122-124, 126, 127, 134-141, 159
사회구성체 p162
사회성 p36, 105
사회적 생산 p102, 119, 122, 123, 127, 166
상대적 잉여가치 p118
상부구조 p101, 130, 146, 147, 150, 158, 162
샌델, 마이클 Sandel, Michael p73
생산수단 p90, 95, 112, 117, 119-123, 127-129, 134, 137, 138, 157, 160, 164, 168
생산양식 p102, 150, 156, 157, 159-163, 165-167
생시몽, 콩트 드 Saint-Simon, Comte de p125, 126, 132
샤프, 아담 Schaff, Adam p146
세계시민사회 p34, 40, 41
세계정신 p44, 80-82, 152, 155
셸링, 프리드리히 Schelling, Friedrich p44, 46
소외, 소외론 p47, 95, 96, 99, 103, 104
　└노동생산물로부터 소외 p112
　　생산과정으로부터 소외 p112

유적 본질로부터 소외 p112
인간의 인간으로부터 소외 p112
순환사관 p20
슈트라우스, 다피트 Strauß, David p105
슈펭글러, 오스발트 Spengler, Oswald p217
스미스, 애덤 Smith, Adam p103, 113, 115,
스탈린, 이오시프 Stalin, Iosif p143
시간성 p53
시민사회 p33, 37, 38, 39, 42, 46, 66, 72, 73, 84, 85, 89, 90, 110
《시민 정부론》p109
실증주의 p71, 146
  └~ 역사관 p23

ㅇ

아도르노, 테오도어 Adorno, Theodor p206
아리스토텔레스 Aristoteles p73
알튀세, 루이 Althusser, Louis p147
양극성 p63
양립 불가능성 p62, 63
양질 전화의 법칙 p62-64
엘레아학파 p48
엘스터, 욘 Elster, Jon p148
엥겔스, 프리드리히 Engels, Friedrich p70, 93-98, 129, 139, 141, 152
역사, 역사철학 p37, 28-33
  └ ~성 p46, 47, 53, 71
《역사란 무엇인가》p207
역사적 유물론 p90, 96, 99, 101, 103
역사주의 p193, 195, 214
《역사철학강의》p46
열린 미래 p192-198
영웅사관 p21
〈영원한 평화를 위하여〉p30
오언, 로버트 Owen, Robert p25, 126, 132, 133
왈처, 마이클 Walzer, Michael p73
월러스틴, 이매뉴얼 Wallerstein, Immanuel p145
유적 존재 p96, 103-112
《유토피아》p126
의식적인 활동 p112, 139
이성
  └~의 '공적 사용' p32, 33
    ~의 '사적 사용' p32
    ~의 계략 p82
    ~주의 p33, 34, 46, 70, 72, 74
이율배반 p62, 63
인간론 p96, 99, 103
잉여가치 p103, 104, 116, 117-123, 165, 166

ㅈ

자기 전개 과정 p69, 78, 156
자기의식 p45, 73, 77, 86-88, 98, 110, 111
자료적 역사 p75
자본
  └~가 p63-65, 103, 104, 112, 117-119, 121-123, 128-132, 144,157, 159, 163-168
    ~주의 p63, 64, 85, 86, 90, 95-98, 102, 104, 106, 110-112, 115, 116, 119, 121-123, 127, 155, 157, 165-168
《자본론》p94, 97, 106, 115, 123, 145
절대적 잉여가치 p117
절대정신 p43, 69, 78, 79, 124, 149, 152, 156
정(正), 반(反), 합(合) p47, 67
《정신현상학》p45, 57, 110
《정치경제학 비판》p97
제2인터내셔널(국제노동자협회) p141, 142
제국주의 p143, 144
제논 Zēnōn p48-51
  └~의 역설 p49
제이, 마틴 Jay, Martin p200
종말론 p16
종속이론 p146, 147

주인과 노예의 변증법 p86, 87, 110
지배자 p38, 88
지성 p45, 77
지양 p67
진리 p57, 59, 75, 88
진보사관 p69

ㅊ

《천 개의 고원》 p212
철학적 역사 p75
추체험 p204

ㅋ

카, E. H. Carr, Edward Hallet p205-210
카오스 이론 p196
카우츠키, 카를 Kautsky, Karl p142
카이사르, 율리우스 Caesar, Julius p80-82
칸트, 이마누엘 Immanuel, Kant p26-34
칸트의 3대 비판서 p29
　└《순수이성비판》《실천이성비판》《판단력비판》
코헨, 제럴드 Cohen, Gerald p147
콜링우드, 로빈 Collingwood, Robin p201
콩트, 오귀스트 Comte, Auguste p201

ㅌ

테일러, 찰스 Taylor, Charles p72, 73
토인비, 아널드 Toynbee, Arnold p217
토플러, 앨빈 Toffler, Alvin p15
퇴보사관 p19
트로츠키, 레온 Trotskii, Leon p132, 143
특별 잉여가치 p118, 122

ㅍ

파르메니데스 Parmenidēs p47-52
파리코뮌 p131
포스트모더니즘 p211-214

포이어바흐, 루트비히 Feuerbach, Ludwig p99, 105
포퍼, 카를 Poper, Karl p193
푸리에, 샤를 Fourier, Charles p125-127
푸코, 미셸 Foucault, Michel p211, 214
프랑스 혁명 p43, 44, 66
프랑크, 안드레 Frank, Andre Gunder p144
프랑크푸르트학파 p71, 74, 146
프로이트, 지그문트 Freud, Sigmund p146
프롤레타리아 p90, 96, 97, 104, 128, 131
　└~ 독재 p89, 95, 128, 129, 131, 140, 166
　　~ 혁명 p124, 138
프롬, 에리히 Fromm, Erich p146
프리고진, 일리야 Prigogine, Ilya p200
플라톤 Platon p125
피타고라스 Pythagoras p60, 61
피히테, 요한 Fichte, Johann p44, 46
필연적인 법칙 p22

ㅎ

하버마스, 위르겐 Habermas, Jürgen p4, 146
하이에크, 프리드리히 Hayek, Friedrich p73
합리론 p29, 30
해석학 p202, 204, 26
헌팅턴, 새뮤얼 Huntington, Samuel p216
헤겔, 게오르크 Hegel, Georg p42-47, 53, 55, 57, 62, 63, 69, 70
《헤겔 법철학 비판 서설》 p96
헤겔주의 p70, 74, 146, 147
헤라클레이토스 Herakleitos p51, 52, 61, 62
호네트, 악셀 Honneth, Axel p74
호르크하이머, 막스 Horkheimer, Max p146
후쿠야마, 프랜시스 Fukuyama, Francis p74